Beck'sche Reihe

BsR 1169

BsR

In den beiden Essays dieses Bandes zieht der große französische Mediävist Jacques Le Goff aus seiner jahrzehntelangen Beschäftigung mit dem Mittelalter Schlußfolgerungen für Europas Gegenwart und Zukunft. Der überzeugte Europäer und Humanist Le Goff verbindet dabei die Betrachtung der Vergangenheit mit einem eindrucksvollen Plädoyer für „die Schaffung eines neuen europäischen Humanismus".

Jacques Le Goff, geb. 1924, ist Professor für mittelalterliche Geschichte und Direktor der Ecole des Hautes Etudes en Sciences Sociales in Paris. Er ist Mitherausgeber der Zeitschrift „Annales" und Herausgeber der Reihe „Europa bauen". Der international renommierte Historiker hat 1993 den Historikerpreis der Stadt Münster und 1994 den Hegel-Preis erhalten.

JACQUES LE GOFF

Das alte Europa und die Welt der Moderne

Aus dem Französischen von Tobias Scheffel

VERLAG C. H. BECK

Die Deutsche Bibliothek – CIP-Einheitsaufnahme

Le Goff, Jacques:
Das alte Europa und die Welt der Moderne/
Jacques Le Goff. Aus dem Franz. von Tobias Scheffel. –
München: Beck, 1996
(Beck'sche Reihe; 1169)
ISBN 3 406 39269 5
NE: GT

ISBN 3 406 39269 5

Umschlagentwurf: Uwe Göbel, München
Umschlagabbildung: Agence Enguerand/Iliade, Paris

Gesamtherstellung: C. H. Beck'sche Buchdruckerei, Nördlingen
Gedruckt auf säurefreiem, alterungsbeständigem Papier
(hergestellt aus chlorfrei gebleichtem Zellstoff)
Printed in Germany

Inhalt

Das alte Europa
und die Welt der Moderne

Europa ist Vergangenheit und Zukunft zugleich. Seinen Namen hat es vor zweieinhalb Jahrtausenden erhalten, und gleichwohl befindet es sich noch im Zustand des Entwurfs. Kann das alte Europa auf die Herausforderungen der modernen Welt eine Antwort geben? Ist sein Alter Ursprung für Stabilität oder Ursache für Schwäche? Befähigt es sein Erbe, sich in der Moderne zu behaupten? Befragen wir als Historiker die *longue durée.*

Europa betritt die Geschichte durch die Tür der Mythologie. Als Tochter Agenors, des Königs von Phönizien, soll sie von dem in einen Stier verwandelten Zeus nach Kreta entführt worden sein, wo als Frucht ihrer Liebe zum König der Götter ihr Sohn Minos geboren wurde. Das von den griechischen Geographen der Antike so getaufte Europa entsteht im Mythos, im Schoß der ältesten Schicht der Hochkultur des Okzidents, der griechischen Kultur. Dabei war die Individualisierung eines Kontinents „Europa" kein Zwang der Geographie. Afrika oder die beiden Amerika werden durch den Verlauf ihrer Küsten bestimmt. Europa ist nur die Spitze des unermeßlichen asiatischen Kontinents, den man deshalb Eurasien nennen muß. Die Griechen beantworten aber eine Frage nicht, die zu einer Hauptfrage werden und es bleiben wird: Welches sind die Grenzen Europas im Osten? Die Steppen des heutigen Rußland, die Hochebenen, die Anatolien von den

Tälern von Euphrat und Tigris trennen, bilden das unbestimmte Gebiet, wo Europa aus Asien heraustritt.

Dennoch haben die Griechen eine klare Vorstellung von den Gegensätzen, die zwischen den beiden Kontinenten und ihren Bewohnern bestehen. Nach seiner Theorie, die dem Einfluß des Klimas auf Konstitution und Wesen der Menschen wie der Gesellschaften eine bestimmende Rolle zuerkennt – so wie es dann Montesquieu im 18. Jahrhundert tat –, hält der berühmte griechische Arzt Hippokrates, der am Ende des fünften und Anfang des vierten Jahrhunderts v. Chr. lebte, die Europäer für mutig, aber kriegerisch, während die Asiaten weise und kultiviert, aber ohne Tatkraft seien; die Europäer hingen an der Freiheit und seien bereit, für sie zu kämpfen, ihr bevorzugtes politisches System sei die Demokratie; die Asiaten hingegen akzeptierten mit Leichtigkeit die Knechtschaft im Austausch für Wohlstand und Ruhe; sie fänden sich mit despotischen Regierungen ab. Dieses ideologische Schema, das bis zur Aufklärung und darüber hinaus überlebte (ist die marxistische Vorstellung von der asiatischen Produktionsweise nicht ein Erbe der Theorie vom asiatischen Despotismus?), spiegelt die Mentalität von Menschen wider, die vom Kampf der griechischen Stadtstaaten gegen das persische Reich geprägt waren, schenkt aber dem entstehenden europäischen Bewußtsein die Idee der Demokratie. Diese Idee findet die Welt der Moderne in einer durch die Geschichte präzisierten und komplizierter gewordenen Ausprägung wieder, und die heutigen demokratischen Nationen haben andere Dimensionen als das antike Athen, aber sind Plato und Aristoteles nicht noch immer fruchtbare Quellen für die europäische Reflexion über die Demokratie?

Einige Hauptthemen der Geschichte Europas sind so bereits von der griechischen Antike an gegeben. Stellen die noch immer grundlegenden, wenn auch von der politischen Geschichte veränderten geographischen Gegebenheiten nicht immer noch die gleiche Frage: Welche Grenzen hat Europa im Osten? Die griechische Kultur hat grundlegende Werte geliefert, die noch heute intellektuelle und ethische Instrumente für die Europäer sind: die Idee der Natur, die Idee der Vernunft, die Idee der Wissenschaft, die Idee der Freiheit und vor allem vielleicht die Idee des Zweifels und ihre Anwendung. War nicht der kritische Geist eines der wesentlichen Werkzeuge des Denkens und Handelns der Europäer, und bleibt er nicht heute noch einer ihrer großen Vorzüge gegenüber dem Ritualismus oder dem Fundamentalismus anderer Denksysteme, die es nicht verstanden haben, den methodischen Zweifel zu übernehmen?

Mit dem Römischen Reich scheint Europa einen Irrweg zu beschreiten. Es ist auf das Mittelmeer hin ausgerichtet, es umschließt große Gebiete Afrikas und Asiens, sein Zentrum jedoch ist Italien, ein höchst europäisches Land. Es läßt seine einheitliche Kultur ausgreifen auf weite Regionen: Portugal, Spanien, Nordengland, Gallien, das Rheintal bis Maastricht, das Donautal bis Aquincum vor den Toren des heutigen Budapest. Die römische Prägung ist in zahlreichen europäischen Städten noch immer sichtbar, denn es ist vor allem eine städtische Prägung. Das Römische Reich verbreitet eine Sprache, aus der die Gesamtheit der romanischen Sprachen hervorgeht, die noch heute besteht und von der zu hoffen ist, daß sie noch lange bestehen wird, eine europäische Kultursprache, das Latein. Das Imperium respektiert die Nationen und gewährt unter Kaiser Caracalla zu Anfang des 3. Jahrhunderts den Titel Römischer Bürger, auf den man stolz ist. Schon der heilige Paulus etwa, der in den Genuß dieses Titels kam, fühlte sich mit gleichem Stolz als Jude und als Römer. Das Römische Reich verbreitet in jenem Europa, das von Schottland bis Sizilien und von Galizien bis zu dem späteren Ungarn reicht, Gewohnheiten, die man noch immer in den europäischen Lebensgewohnheiten wiederfindet, sei es in der hohen Kultur, die sich auf die Schrift, das Buch und das Schulwesen stützt, sei es in den Alltagsgepflogenheiten. Die Europäer trinken Wein außerhalb der Gegenden, in denen er angebaut wird, verwenden Steine und Ziegel in der Nachfolge der Maurer und Architekten der Römer, oder sie pflegen einen öffentlichen und klangvollen Gebrauch des Wortes, als dessen Folge es in den verschiedenen Sprachen Europas überall Redner gibt, die sich einer lateinisch geprägten Rhetorik bedienen.

Aber unter seiner vermeintlichen Einheit hat das Römische Reich eine tiefe Spaltung gefestigt, jene nämlich, die den lateinischen Westen vom griechischen Osten trennt.

Das Römische Reich im Westen überlebte die Invasion und die Ausbreitung vor allem germanischer Völker nicht, die von jenseits des Limes kamen, der militärischen Verteidigungslinie gegen die Nomaden, deren Wirkungslosigkeit zeigt, daß keine Mauer in der Lage ist, den Lauf der Geschichte aufzuhalten, und daß sich politische oder kulturelle Gemeinschaften, die sich hinter solchen Mauern abschließen, dadurch nur um so leichter der Überflutung durch jene aussetzen, die sie zuvor weder zu empfangen noch zu integrieren verstanden. Der Zusammenbruch des Römischen Reiches ist auch auf den Verfall einer Geldwirtschaft mit großem Aktionsradius zurückzuführen, auf die Entwicklung einer städtischen Krise, auf die Fragmentierung der Wirtschaft in landwirtschaftliche Regionen, auf die Pauperisierung der Massen und auf den Werteverfall der heidnischen Welt. Die Vorwegnahme Europas, die das Römische Reich im Okzident darstellte, macht damit für eine politische und kulturelle Einheit die Notwendigkeit offenkundig, gemeinsam eine Wirtschaft und eine Währung lebendig zu erhalten, ebenso wie erneuerungsfähige Städte, eine Bevölkerung, die nicht im Elend lebt, und Werte, die in der Lage sind, den Glauben zu spenden und das Handeln zu leiten.

Die große religiöse und geistesgeschichtliche Neuheit des westlichen Europas seit dem 4. Jahrhundert ist das Christentum. Bald spaltet es sich in ein römisches Christentum im Westen und ein griechisches im Osten, was den Gegensatz zwischen dem römischen und dem griechischen Teil des Römischen Reiches verstärkt. Die beiden Formen des Christentums entfernen sich mehr und mehr voneinander und schaffen eine kulturelle Grenze der *longue durée,* die durch die politischen Grenzen noch verhärtet wird, von Skandinavien bis Kroatien auf der einen Seite, die Balten, Polen, Tschechen, Slowaken, Ungarn, Slowenen einschließt, von Rußland bis Griechenland auf der anderen. Ein Aspekt dieser Grenze bietet heute ein erschütterndes Bild: Der Graben verläuft zwischen dem römisch-katholischen Kroatien im Westen und dem, was im Osten zum orthodoxen Serbien geworden ist. Die Grenze, die 1054 durch das morgenländische Schisma bestätigt wird, das dem römischen Papsttum die griechische Kirche endgültig entzieht, trennt das westliche Christentum von Byzanz und der orthodoxen slawischen Welt. An dieser Grenze stehen einander gegenüber: auf der östlichen Seite eine prunkvolle byzantinische Welt, Hüterin des antiken Erbes, mehr und mehr geschwächt aufgrund der wirtschaftlichen Ausbeutung durch den Westen, die bis zu ihrem Fall 1453 durch den türkischen Vormarsch immer kleiner wird, eine Welt, in der der König, der Basileus, über eine kaiserliche und eine päpstliche Macht verfügt, sowie eine russische Welt, die zwischen dem westlichen Modell und den Verlockungen des asiatischen Orients schwankt; auf der westlichen Seite eine Welt, die geteilt ist, barbarisiert, nur unzureichend geeint durch zwei Oberhäupter, Papst und Kaiser, die aber einen außergewöhnlichen wirtschaftlichen, politischen und kulturellen Aufschwung und eine immer stärkere Expansion erlebt: das lateinische Christentum. Jenes Christentum ist das mittelalterliche Europa. Die Völker, die sich innerhalb des Römischen Reiches niedergelassen haben, bilden mit der Bevölkerung, die dort bereits lebt, Staaten, die unter der Herrschaft eines erobernden Anführers stehen, der die Bezeichnung „König" annimmt und eine Herrschaftsdynastie begründet: die Goten, dann die Lombarden in Italien, die Westgoten in Aquitanien und Spanien, die Franken in Gallien und die Angelsachsen in einer Vielzahl von kleinen Königreichen in Großbritannien.

So zeichnet sich ein erster Entwurf Europas auf zwei Grundlagen ab: Die eine besteht aus der Gemeinschaft des Christentums, geformt von Religion und Kultur, die andere aus den vielförmigen unterschiedlichen Königreichen, gegründet aus eingeführten ethnischen oder alten multikulturellen Traditionen (etwa Germanen und Galloromanen in Gallien). Das ist die Vorwegnahme des Europas der Nationen, denn seit seinen Anfängen zeigt Europa, daß die Einheit aus der Verschiedenartigkeit der Nationen geschaffen werden kann: Europäische Nationen und europäische Einheit sind miteinander verbunden.

Das Christentum hinterläßt seine Prägung dadurch besonders deutlich, daß es sich auch in Institutionen überliefert und der Gesamtheit der christlichen Staaten ein zweifaches Netz aufzwingt: das der Diözesen, dann Pfarreien und das der klösterlichen Welt, in der sich zu Beginn des 9. Jahrhunderts eine einheitliche Regel durchsetzt, nämlich die des heiligen Benedikt. Das benediktinische Klosterwesen gewöhnt die Europäer in den folgenden Jahrhunderten an Zeitpraktiken, die noch die Grundlage für unsere gegenwärtige Einteilung der Zeit bilden. Zunächst ist das die große Trennung zwischen einer Zeit des Gebets und einer Zeit der Arbeit, die eine Trennung einführt zwischen dem, was als Arbeitszeit bestehen bleibt und sich festigt, und dem, was sich in Richtung einer Zeit der Ruhe, der Freizeit und der Feier hin entwickelt. Darüber hinaus sind das die ersten akustischen Zeichen der Zeiteinteilung, die allen auferlegt werden: das Läuten der Glocken, der Vorläufer der Zeitansage. Schließlich ist das der Zeitplan der Mönche nach den regelmäßigen Unterteilungen der kanonischen Stunden des Tages und der Nacht, eine individuelle und kollektive Ordnung der Zeit, die von dem Zeitplan der Bürger und Händler ab dem 14. und 15. Jahrhundert abgelöst wird, der den Europäern den Gewinn einer rationellen Zeitverwaltung beibringt; ein wirtschaftlicher und moralischer Trumpf, von dem Europa profitiert, selbst wenn die Mächtigen (Herrscher, Industrielle, Bürokraten) ihre Macht über die Zeit mißbrauchen.

Zwei entscheidende Phänomene treten im Laufe dieser Umstrukturierung des Römischen Reiches im Westen zutage.

Das erste ist, im Unterschied zum byzantinischen Osten, die Ablehnung einer theokratischen Macht. Im Westen haben Kirche und Papst die religiöse Macht, der König die politische. Das Gebot des Evangeliums regelt die Dualität der Mächte: „Gebet dem Kaiser, was des Kaisers ist". Europa entgeht der monolithischen Theokratie, die Byzanz und vor allem den Islam gelähmt hat, nachdem es dessen Ausbreitung zunächst gefördert hatte.

Das zweite ist die ethnische Mischung, die ein Ergebnis der Entstehung der Christenheit und christlicher Königreiche ist. Mit den Kelten, Germanen, Galloromanen, Anglonormannen, Italoromanen, Iberoromanen und Juden mischen sich Normannen, Slawen, Ungarn, Araber durch Akkulturationsvorgänge, die ankündigen, was ein Immigrationswellen offen gegenüberstehendes Europa sein wird: ein Europa der kulturellen Vielfalt und der Rassenmischung. Indessen taucht im Spanien der Westgoten einer der bösen Dämonen Europas auf: der Antisemitismus.

Der Versuch, die westliche Christenheit als ein vom byzantinisch-griechischen Reich unabhängiges Reich politisch zu einen, ist zweimal unternommen worden: mit der Krönung Karls des Großen zum Kaiser im Jahre 800 in Rom und mit Otto I., der 962 ebenfalls vom Papst in Rom gekrönt wurde. Diese Auferweckung des Kaisertums schuf eine Institution, die eher theoretisch und symbolisch war als real: das Heilige Römische Reich Deutscher Nation, dessen gedachte Hauptstadt Rom war, von dem sich außer Deutschland alle anderen Länder aber bald unabhängig machten – sogar Italien, dessen Unterwerfung unter die kaiserliche deutsche Macht zumeist formal blieb. Das Reich war im mittelalterlichen Europa die meiste Zeit eine Form ohne Inhalt, und mit ihren Streitigkeiten über den Supremat der geistlichen Macht über die weltliche oder umgekehrt erschöpften sich Papst und Kaiser in vergeblichen Konflikten und gerieten so an den Rand der wirklichen politischen Entwicklung Europas, der Entstehung der modernen Nationalstaaten seit dem 13. Jahrhundert.

Die Teilungen des Karolingerreiches im 9. Jahrhundert hatten eine der wichtigsten Teilungen Kontinentaleuropas in die Wege geleitet: das westliche Frankenreich (das künftige Frankreich) und das östliche Frankenreich (das künftige Deutschland). Aber sie hatten Italien mit der teilweisen Herrschaft der Deutschen belastet, die sich mit dem Kirchenstaat verbanden und die italienische Einheit bis ins 19. Jahrhundert verhinderten. Zwischen Frankreich und Deutschland sollte eine unbestimmte Zone, die zunächst Lotharingien genannt wurde und nicht in der Lage war, sich in einen Staat zu verwandeln, auf viele Jahrhunderte ein Gelände der Konfrontation zwischen Franzosen und Deutschen bilden.

Währenddessen erreicht zu Beginn des 8. Jahrhunderts die große Welle der arabischen Eroberungszüge Westeuropa. In der Provence ist die muslimische Ansiedlung schwach und bleibt eine vorübergehende Erscheinung, in Sizilien ist sie stärker und dauerhafter, trotzdem aber begrenzt, den größten Teil Spaniens jedoch überschwemmt sie, bevor im 12. und vor allem im 13. Jahrhundert die kleinen christlichen Königreiche im Norden der Halbinsel – Kastilien, León, Navarra, Asturien, Galizien und Aragón – die Muslime im Lauf der Reconquista zunächst langsam, dann schneller zurückdrängen. Erst 1492 vertreibt das christliche Spanien, nun vereint durch die Verbindung von Kastilien und Aragón, die Muslime endgültig aus ihrer letzten Niederlassung, dem kleinen Königreich von Granada.

Die Episode des karolingischen Reiches ist nur eine Etappe in der Errichtung Europas, aber die Ergebnisse seiner Teilung nach dem Vertrag von Verdun (843) und seine Korrekturen unterstreichen die Vorwegnahme eines politischen Europa voller Erfolge und Konflikte. Das Paar Frankreich-Deutschland beginnt sich klarer abzuzeichnen, aber das instabile Lotharingien schafft einen gefährlichen Zankapfel. Italien seinerseits stellt eine Beute dar, auf die Deutschland im Mittelalter, Frankreich während der Renaissance und die großen europäischen Staaten bis ins 19. Jahrhundert spekulieren – auch da zum größten Unglück Europas.

Die Teilungsverträge des 9. Jahrhunderts verweisen auf eine grundlegende Gegebenheit Europas: Es ist die westliche Spitze des eurasischen Kontinents, und die verschiedenen Arten der Bodenbeschaffenheit, der Wirtschaftsformen, der Kulturen verlaufen in Streifen stufenförmig von Nord nach Süd. Die von den Karolingern geschaffenen Staaten bemühen sich, durch eine senkrechte Einteilung ein Stück von jedem Streifen zu erhalten. Doch bedarf diese geographisch-historische Vielfalt zusätzlicher harmonisierender Konstruktionen, die die Besonderheit und den Reichtum eines jeden erhalten. Das haben unglücklicherweise weder Karl der Große noch Karl V. noch Ludwig XIV., die Französische Revolution oder Napoleon begriffen.

Paradoxerweise ist das Mittelalter, die Zeit, in der Europa Gestalt annimmt, auch die Zeit, da der Begriff fast verschwindet und seine seltene Verwendung daraus kaum mehr als eine geographische Vokabel macht. Der Verfasser einer Chronik aus dem 8. Jahrhundert, der vom Sieg Karl Martells 732 bei Poitiers schreibt, spricht zwar davon, daß den Muslimen dort die Europäer gegenübergestanden hatten. Aber die am häufigsten verwendeten Begriffe für die europäische Gesamtheit sind zum einen Christenheit, zum anderen Okzident.

Europa gewann allmählich durch seine innere Entwicklung und mit dem Kontakt zu Gegnern und Konkurrenten ein politisches und kulturelles Gesicht. Wie bei den innereuropäischen Konflikten sieht man in der Regel in diesen Kontakten nur Konfrontationen. Man sieht, wie der Islam aus Spanien die Verlängerung der islamischen asiatisch-afrikanischen Welt macht und wie die Türken ab dem 15. Jahrhundert im äußersten Südosten ein Stück von Europa aushöhlen. Allerdings darf man nicht vergessen, daß jene Kontakte in friedlicher Form, die ja ebenfalls bestanden, für Europa von hohem Nutzen waren. Über Spanien und Sizilien gelangten im Mittelalter die Techniken, die Wissenschaften, die Philosophie nach Europa, die die Araber von den Griechen, den Indern, den Iranern, den Ägyptern und Juden geerbt hatten. Diese Beiträge erlaubten Westeuropa, das sie zu assimilieren, zu adaptieren und wiederzuerschaffen sowie aus eigener Kraft andere Quellen zu nutzen verstand, jenen außergewöhnlichen mittelalterlichen Aufschwung, der es die Macht der großen chinesischen, indischen, muslimischen und byzantinischen politisch-kulturellen Räume übertreffen und deren Zivilisation ebenbürtig werden ließ.

Das Mittelalter hat Europa ausgerüstet. Es hat sich im Bereich der Technik als Eroberer und Neuerer gezeigt, es hat die zuvor existierenden Techniken verbessert und verbreitet. Wenn es auch übertrieben ist, von einer technischen Revolution zu sprechen, so hat es doch eine starke Beschleunigung des zuvor sehr langsamen technischen Fortschritts gegeben. Das Mittelalter bleibt eine Welt des Holzes, die Verwendung von Stein und Eisen hat es aber in hohem Maß gesteigert. Ab dem 13. Jahrhundert hat man begonnen, Eisen-, Blei-, Kupfer- und Kohleminen abzubauen. Für die Energienutzung sind die wichtigsten Phänomene die beachtliche Verbreitung der Wassermühle, auf dem Land und in den Städten, sowie deren Verwendung zu industriellen Zwecken (zur Herstellung von Eisen, Bier, Papier, zum Walken, zum Gerben usw. und als hydraulische Säge), und, am Ende des 10. Jahrhunderts, das Auftauchen der Windmühle. Die Mühle ist zu einer regelrechten Maschine geworden.

Die Transporte zu Land sind durch Anlegen und Unterhalt von Straßen leichter geworden, durch den Bau größerer und stabilerer Wagen, die Verbesserung der Gespanne, durch größeren Schutz der Händler und der Handelszüge, die Konstruktion von Brücken und die Öffnung neuer Straßen, deren berühmteste die Alpenstraße über den Sankt Gotthard im 13. Jahrhundert war.

Im Bereich der Seeschiffahrt waren die Fortschritte noch gewaltiger, vor allem ab dem 13. Jahrhundert: Bau von Schiffen größerer Tonnage (auf dem Mittelmeer *Naves*, bei der Hanse *Koggen*), Austauschen des seitlichen Steuerruders durch das beweglichere und zuverlässigere Manöver ermöglichende Heckruder, bessere Takelung (Verbreitung des Lateinsegels), Perfektionierung des Astrolabiums und der astronomischen Messungen, Verbreitung des Kompasses, Einführung genauerer Karten. Zu Beginn des 16. Jahrhunderts verfügt Europa über die technischen Möglichkeiten, die Welt zu entdecken und zu erobern. China hatte sie auch, machte davon im Gegensatz zu Europa aber keinen Gebrauch. Der Grund für das unterschiedliche Verhalten ist zweifellos im Bereich der Kultur und der Mentalität zu suchen, in einem geringeren rituellen Festhalten der Europäer an Traditionen und in einer größeren sozialen Mobilität. Es ist in der Tat bemerkenswert, daß die technischen Neuerungen aus den religiösen ebenso wie aus den weltlichen Gemeinwesen gekommen zu sein scheinen, von den Herren ebenso wie von den Bauern, aus den ländlichen oder städtischen Gemeinwesen ebenso wie von den Individuen.

Im Bereich der Landwirtschaft bestehen die Fortschritte vor allem in der stärkeren Verwendung des Eisens bei den Werkzeugen und in der Verbreitung neuer Arbeitsinstrumente wie dem Räderpflug mit asymmetrischer Pflugschar und der Egge, in der Verwendung eines Gespannsystems, das über die Schultern führt und nicht mehr die Brust der Ochsen oder Pferde einzwängt, in der langsamen Verbreitung der Dreifelderwirtschaft, die eine Steigerung der kultivierten Fläche ermöglicht, und in der Einführung des Zwischenfruchtbaus (Sommergetreide, Futterpflanzen oder Pflanzen zur gewerblichen Verarbeitung). Das Wiederauftauchen landwirtschaftlicher Abhandlungen im 13. und 14. Jahrhundert zeigt die Tendenz, den Ackerbau rationeller und wissenschaftlicher zu betreiben. In Handwerk und Gewerbe erfolgt die bedeutendste Neuerung neben der Mühle in der Textilherstellung mit dem vertikalen Pedalwebstuhl und dem Spinnrad. Auf den Baustellen vervollkommnet man die Hebevorrichtungen, und die ersten Schubkarren erscheinen. Im 15. Jahrhundert treibt der Aufschwung der Artillerie, die in die Kriegskunst Einzug hält, die Metallindustrie entscheidend voran, vor allem in der Lombardei und in bestimmten Gebieten Deutschlands, wo die Metallindustrie schon eine lange Tradition hatte. So zeigt sich ein bemerkenswerter wirtschaftlicher Aufschwung, sowohl im Raum, wo durch breite Rodungen neue Gebiete erobert werden können und wo in einer Verbindung aus See- und Landrouten eine von den Italienern und den Hanseaten beherrschte europäische *Weltwirtschaft** entsteht, wie auch im Anstieg der Erträge und der Verringerung der Reise- und Transportzeiten.

Dieser wirtschaftliche Aufschwung stützt sich auf ein doppeltes Netz aus lokalen Märkten und großen Messen, deren wichtigste vom 12. bis zum 14. Jahrhundert die der Champagne sind. Trotz der Fortschritte im Geldwesen (Kontrolle der Münzen durch Städte und Fürsten, Schaffung von Geldmengen, die den neuen Geschäftsverhandlungen angepaßt waren, Zunahme der Wechsler und Auftauchen von Bankiers zunächst in Italien, dann in Süddeutschland) ist die Vielzahl von Währungen und die Kompliziertheit der Tauschgeschäfte ein Hindernis, das zeigt, wie stark die europäische Einigung an die Vereinheitlichung der Währung gebunden ist.

Vier allgemeine Aspekte der mittelalterlichen Gesellschaft und Kultur haben Europa eine starke Prägung verliehen, die heute ein – überwiegend positives – Erbe darstellt.

1. Die agrarische Tradition ist der erste Aspekt, aber sie ist vielleicht etwas zweischneidig. Tatsächlich ist der Boden im Mittelalter die grundlegende

* deutsch im Original (A.d.Ü.).

Basis der Wirtschaft, der Macht und des Ansehens, und diese herausragende Bedeutung der Erde, des Besitzers von Grund und Boden und des Bauern bewahrt noch heute eine symbolische Macht, deren Stärke die landwirtschaftlichen Probleme der Gemeinschaft besonders heikel macht. Die andere Basis des europäischen Feudalsystems sind die Beziehungen der Menschen zueinander, und da vor allem das *Treueverhältnis.* Es bleibt – manchmal lähmend, häufiger aber als dynamischer Faktor – eines der wesentlichen Elemente europäischer Mentalität und europäischen Verhaltens überhaupt.

2. Nach der großen Christianisierungswelle des frühen Mittelalters erfolgt eine zweite Welle ab dem 10. Jahrhundert. Mit ihr treten der Christenheit oder Europa, denn beides stimmt nun überein, zwei neue Gruppen von Europäern bei: die Skandinavier und die Slawen. Mag das in harmonischen Akkulturationsvorgängen erfolgen oder in mehr oder weniger harten Kulturkonflikten wie zum Beispiel zwischen Engländern, Walisern und Iren oder Schotten, zwischen Deutschen und Slawen: bemerkenswert ist die Eigenständigkeit und Bedeutung der peripheren europäischen Nationen. Im Europa des Mittelalters entstehen Zentrum-Peripherie-Beziehungen, deren gutes Funktionieren eine der Erfolgsbedingungen der europäischen Gemeinschaft ist.

3. Das Europa des Mittelalters behauptet sich als Vielfalt, etwa im staatlichen Bereich. Neben zentralisierten Staaten, unter denen England, Frankreich und Spanien die besten Beispiele sind, stellen die

Stadtstaaten in Deutschland und vor allem in Italien andere Formen politischer, wirtschaftlicher und kultureller Gemeinschaften in Europa dar. Andere Gemeinwesen sind noch origineller, wie der Fall der Schweizer Konföderation, entstanden aus der Keimzelle dreier Kantone, die sich 1291 zu einem ewigen Bund zusammengeschlossen haben: Uri, Schwyz und Unterwalden. Die Schweizer spielen eine bedeutende Rolle in Europa: Sie liefern nicht nur ein seltenes politisches Modell freiwilligen Zusammenschlusses territorialer Gemeinschaften, sondern sie kontrollieren auch einen großen Teil der Alpenwege, die Süd- und Nordeuropa miteinander verbinden (daneben gibt es seit dem 14. Jahrhundert eine regelmäßige Seeroute zwischen Italien, England und Flandern). Sie bekräftigen die Bedeutung der Bergbevölkerung in Europa und liefern Söldner für die europäischen Staaten. Um ihre Rolle und ihre Macht beizubehalten, reicht es ihnen, im 20. Jahrhundert mächtige und diskrete Bankiers zu werden.

4. Das Europa des Mittelalters erfindet auch neue kulturelle Vorbilder, die sich vom Kriegshelden und dem Rhetor der Antike unterscheiden. Das erste ist Ausdruck der neuen Religion, des Christentums. Es ist das Modell des *Heiligen.* Auch als das Mittelalter später verschwindet und die religiösen Ideale verblassen, bleibt der Heilige für die Europäer gegenwärtig, gegenwärtig in Kunst und Literatur, gegenwärtig im Ideal menschlicher Vollkommenheit (später gibt es auch weltliche Heilige), gegenwärtig

durch die Kalender der Namenstage und die große Zahl von Vornamen, die viele Europäer noch immer tragen. Ein anderes, diesmal weltliches Modell ist das der *Höflichkeit*, des *höfischen Benehmens*. Der höfische Mann ist nicht allein ein Krieger, der Heldentaten vollbringt, er ist auch ein gut erzogener Mann, der sich den Frauen gegenüber galant verhält und um sich herum die verfeinerten Manieren des Hofes verbreitet. Das ist das erste Ideal einer Höflichkeit, die, verbunden mit der *Urbanität*, den in der Stadt geschaffenen guten Sitten, bis heute für die Europäer einen Kodex sozialer Werte und edlen Verhaltens bildet. Norbert Elias hat dargelegt, welch entscheidender Schritt das mittelalterliche höfische Verhalten im Prozeß der Zivilisation ist, die Europa auszeichnet. Neben dem Fernen Osten ist Europa der einzige Kontinent, der von der Kindererziehung an einen Kodex guter Sitten erarbeitet und weitgehend verbreitet hat. Das ist die *civilitas morum puerilium* (so der Titel eines Buches von Erasmus von Rotterdam, des meistgedruckten seiner Bücher im 16. Jahrhundert), aus der sowohl der *honnête homme* der französischen Klassik wie der *Gentleman* des 19. Jahrhunderts hervorgehen. Norbert Elias hat ebenfalls gezeigt, wie etwas, das man einfach nur als Objekt für eine Anekdote ansehen könnte, die Gabel, einen Wendepunkt zur Moderne in den europäischen Tischsitten darstellt. Die Gabel kommt im 11. Jahrhundert von Byzanz nach Venedig und versäumt zunächst ihre Aufnahme in die europäische Welt. Die europäische Christenheit ist noch ein Land der Gruppen, wo man gemeinsam aus den selben Schalen und den selben Näpfen ißt, wo man gemeinsam aus den selben Bechern trinkt. Die Gabel aber ist an die Individualisierung der Tischsitten gebunden, an die Heraufkunft des modernen Individuums im 16. Jahrhundert. Hier hat Europa ein kulturelles Eßwerkzeug geschaffen, ebenso wie der Ferne Osten das Eßstäbchen. Ganz Europa ist übrigens, da wir beim Speisen sind, eine wahre Welt des Brotes geworden, eine Welt, in der als Lebensmittel große Fleisch- oder Fischstücke verzehrt werden – im Gegensatz zum Reis und der Nahrung in kleinen Stücken der asiatischen Welt.

Das Mittelalter hat Europa nicht nur technisch ausgerüstet, es war auch die Zeit seiner geistigen und künstlerischen Entwicklung. Nach dem Untergang der Schulen der griechischen und römischen Antike hatten allein die Klosterschulen und an zweiter Stelle die Domschulen – und auch nur für künftige Kleriker – einen vorwiegend religiösen Unterricht geboten.

Nicht ganz frei von kirchlicher Kontrolle regt sich im 12. Jahrhundert in den Städten eine neue mitreißende schulische und geistige Bewegung. Die städtischen Schulen alphabetisieren die Gesellschaft durch alle sozialen Schichten hindurch. Die Blüte des Handels, die immer größere Rolle des Rechts und seiner Anwendung, die wachsende Bedeutung der Schrift gegenüber der Mündlichkeit führen zum Unterrichten der drei grundlegenden Kulturtechniken: Lesen, Schreiben, Rechnen.

Mehr noch, in dem Bereich, den wir heute Hochschulwesen nennen, tauchen am Ende des 12. und im 13. Jahrhundert in manchen Städten Institutionen eines neuen Typs auf, die sich aus Korporationen von Lehrern und Studenten zusammensetzen und die Statuten, Programme, Lehrbücher und Prüfungen haben. Es sind die Universitäten von Bologna, Paris, Oxford. Die neuen Zentren des Wissens, zugleich Zentren des sozialen Aufstiegs, der sich auf den Erfolg in der Ausbildung und nicht auf die Geburt gründet, verbreiten sich vom 13. Jahrhundert bis zum 15. Jahrhundert in ganz Europa. Es ist ein europäisches Netz, in dem trotz der Entwicklung eines gewissen Nationalgefühls internationale Mobilität herrscht. Seit dem 13. Jahrhundert entsteht in den Universitäten eine rationale wissenschaftliche Methode, die Scholastik.

Ebenso hat das christliche Europa sehr früh einen bestimmten Umgang mit den Bildern gewählt, der nicht nur eine starke Entwicklung der Kunst erlaubt, sondern aus ihr eine der großen Ausdrucksformen des Humanismus macht. In der griechischen Kunst war der Mensch das Maß aller Dinge, nun, in der mittelalterlichen Kunst, ist ein neuer Menschentypus, geschaffen nach dem Abbild Gottes, das Maß des christlichen Humanismus. Die entscheidende Wahl wurde an der Wende vom 8. zum 9. Jahrhundert getroffen, und Karl der Große war ihr Bürge. Es ist eine Haltung, die der jüdischen und islamischen Ablehnung, ein menschliches und ein göttliches Gesicht gleichzeitig darzustellen, entgegengesetzt ist, entgegengesetzt auch einer Strömung, die vor allem im Christentum von Byzanz, aber auch in bestimmten Kreisen des römischen Christentums besteht und sich darin niederschlägt, daß die Bilder verworfen und zerstört werden: der Ikonoklasmus. Im Gegensatz zu jener Haltung billigt das römische christliche Europa die Abbilder und fördert sie als Objekte der Unterrichtung und der Erbauung, solange sie nicht wie Götzen angebetet werden. Diese Kunst entwickelt sich in verschiedenen Stilen in ganz Europa, es ist die romanische und später die gotische Kunst. All diese materiellen, geistigen, künstlerischen Entwicklungen hätte es nicht gegeben, wenn sich nicht auch die Religion entwickelt hätte, wenn das Christentum sich nicht als eine Religion erwiesen hätte, die die Bewegung der Geschichte hinzunehmen und die Buchstaben dem Geist anzupassen wußte. Das Christentum hat es Europa ermöglicht, seinen Rhythmus der Veränderung in einem traditionellen Gleichgewicht zwischen dem Menschen und der Natur, der Vernunft und dem Glauben zu finden. Lange vor dem Protestantismus – wie dies Max Weber glaubte - hat das mittelalterliche Christentum die Arbeit aufgewertet, die bis dahin als eine Folge des Sündenfalls verachtet und als Zeichen von Knechtschaft angesehen worden war. Diese Aufwertung der Arbeit war zweifellos nicht ausreichend, denn die Handwerker, die ideell das System der handwerklichen Künste vereinte, ein System, das im 9. Jahrhundert entstanden und im 12. Jahrhundert weiterentwickelt worden war, hatten eine niedrigere

Stellung als die freien und adligen Angehörigen der freien Künste. Aber in der Verehrung der den Heiligen zugeordneten Werkzeuge, im Ansehen der Handwerkszünfte, in der Überlegung, wie nützlich die Arbeiter für die gesamte Gesellschaft seien, und in der Vorstellung, daß der arbeitende Mensch ein Mitarbeiter sein könne bei der Schöpfung Gottes, des ersten großen Arbeiters, zeichnet sich eine wirklich moderne Auffassung der Arbeit ab.

Genauer gesagt beseitigt das mittelalterliche Christentum zum großen Teil die Barrieren, die die Entwicklung jener modernen Wirtschaft blockierten, die später Kapitalismus heißen sollte. Die christliche Kirche ließ bestimmte Profite und die Erhöhung eines gemäßigten Zinssatzes zu, unter ihrer Verantwortung entstand der Begriff des wirtschaftlichen Risikos, sie verdammte bestimmte Handelspraktiken nicht mehr als Wucher, sie eröffnete dem Wucherer, der bis dahin unweigerlich eine Beute der Hölle war, die Hoffnung auf das Fegefeuer, sie verzichtete darauf, das Geld als eine Sache des Teufels anzusehen: Mit all diesen Entscheidungen hat sie – mitunter auf allzu großzügige Weise – dazu beigetragen, daß die Tabus verschwanden, die die wirtschaftliche und vor allem die geldwirtschaftliche Entwicklung sowie die Entwicklung einer Weltwirtschaft beeinträchtigten.

Aber das mittelalterliche Europa hat auch die Probleme, die Widersprüche, die Abwege, die Irrtümer und Verbrechen gewisser Praktiken und Neigungen des europäischen Geistes gezeigt.

Ab dem 12. Jahrhundert wollte die Kirche das Gerichtswesen reformieren, indem sie das alte, „barbarische“ System der von der Familie, dem Geschlecht, den Verwandten oder Freunden gegen den Verbrecher angestrengten Anklage durch eine durch Richter angeordnete Untersuchungsprozedur ersetzte. Sie hat ab dem 13. Jahrhundert das Inquisitionsverfahren eingeführt, mit dem bestimmte Richter betraut wurden, um ein *Geständnis* der Angeklagten zu erwirken. Diese Ermittlung eines Geständnisses, verbunden mit der Entscheidung des IV. Lateranischen Konzils 1215, allen Gläubigen mindestens einmal im Jahr eine anonyme Beichte vor einem Priester abzuverlangen, stand am Anfang einer großen Bewegung der europäischen Psychologie, die über Gewissensprüfung und Selbstkritik bis Freud führen sollte. Aber um Geständnisse herbeizuführen, wendet die Kirche ab dem 13. Jahrhundert auch die Folter an. Die Legalisierung dieser Praxis, die bis heute Europa heimsucht und sich auf alle Kontinente ausgedehnt hat, ist eine der großen Sünden Europas.

Die Kirche hatte zum Mittel der Inquisition gegriffen, weil sie bedroht war. Als eine totalitäre Organisation im Dienste einer totalitären Religion konnte die mittelalterliche Kirche die Äußerung und Praktizierung solcher Vorstellungen, die von der christlichen Orthodoxie abwichen, nicht ertragen. Nun wurde die Kritik an einer Situation, in der die offizielle Religion und das Feudalsystem aufs engste miteinander verzahnt waren, in dem Maße stärker und heftiger, in dem der wirtschaftliche, geistige und soziale Aufschwung zunahm. Lange Zeit hatte dieser Protest religiösen Charakter. Es sind die Häresien, von denen es ab dem Jahre 1000 wimmelt. Unter ihnen finden sich im 12. und 13. Jahrhundert die *Katharer*, verbreitet vor allem in Norditalien und im Süden Frankreichs, aber auch in Flandern und am Niederrhein, die das Christentum in seinen Grundlagen herausfordern. In Wirklichkeit verkünden sie eine andere Religion, die dem Manichäismus und der orientalischen Religion Zarathustras ähnelt und von ihnen beeinflußt wurde, eine Religion, die auf absolute Weise das Prinzip des Guten dem Prinzip des Bösen gegenüberstellt, das an das Fleisch, an alles Materielle gebunden ist. Man trifft hier auf einen der fundamentalen Widersprüche Europas angesichts protestierender Gruppen, deren Erfolg sicherlich zu Gesellschaften theokratischen und statischen Typs geführt hätte. Die christliche Kirche hat es nicht verstanden, die Gefahr anders zu bekämpfen als durch den Rückgriff auf Mittel, die moralisch untragbar waren und Werte zerstörten, die zu verteidigen sie vorgab. Das moderne Europa hat vergleichbaren Herausforderungen zu begegnen, durch die sichtbar wird, um wieviel problematischer es ist, allein die Moderne zu untersuchen, anstatt die *longue durée* zu betrachten.

Das Mittelalter hat Europa noch auf andere Abwege geführt. Um die Mängel des Feudalsystems und die Ungleichheiten zu begrenzen, auf denen es beruhte, hat es den modernen Staat begründet, der gerechter war, aber sehr schnell zu einem Götzen geworden ist. Er hat den alten religiösen und feudalen Mächten das Sakrale entzogen und es an sich gerissen, um einen neuen Leviathan zu schaffen, die *Staatsraison.* Das heutige Europa ist davon noch nicht geheilt.

Schließlich hat Europa – gefangen zwischen zwei gegensätzlichen Bewegungen: einerseits der Verteidigung und Rückwendung zu sich selbst angesichts der Gefahren innerer und äußerer Opposition, angesichts auch der Risiken seiner wirtschaftlichen und intellektuellen Öffnung, und andererseits der Versuchung, die neuerworbene Macht zu nutzen und zu mißbrauchen – zwischen zwei Wahlmöglichkeiten gezögert, zwischen denen es sich bis heute trotz der Verschiedenheit der Situation noch nicht wirklich entschieden hat.

Die erste Bewegung ist die des sich Verschließens, des Ausschließens der anderen, der Unterdrückung und der inneren „Reinigung". Neben dem Kampf gegen die Häretiker gehören in diesen Zusammenhang die anwachsenden Verfolgungen der Juden und die Entwicklung der spezifischen antisemitischen Ausdrucksformen, das Ende der Toleranz gegenüber den Homosexuellen und der Sieg der Angst über das Mitleid mit den Aussätzigen. Sobald die Zahl der Häretiker abnimmt, wendet sich die Jagd den Hexenmeistern und vor allem den Hexen zu. Norman Cohn hat das die inneren Dämonen Europas genannt.

Die andere Bewegung ist die der Expansion. Diese Expansion vollzieht sich auf unterschiedliche Weise. Eine ist friedlich, auch wenn es zu wirtschaftlichen Formen der Herrschaft kommt. Das ist der Fall beim Handelsaufschwung der Christen des lateinischen Westens außerhalb der Grenzen Europas, vor allem im Mittelmeerraum, bei der Expansion Genuas und Venedigs, die zum Schutz des Handels regelrechte Überseeimperien bilden. Es gibt aber auch die militärische und aggressive Expansion. Das ist der Fall bei den Kreuzzügen. Dieser Typus der Expansion bleibt ambivalent, denn er tritt als eine Wiedereroberung auf, Wiedereroberung der heiligen Stätten, Wiedereroberung Siziliens, Wiedereroberung Spaniens. Am Ende stimmen die Grenzen der Christenheit genauer mit denen Europas überein. Wenn die Unabhängigkeit des christlichen Europa auch erst 1492 mit der Wiedereroberung des Königreichs von Granada vollständig ist, so verzichtet es doch faktisch seit dem Ende des 13. Jahrhunderts auf jenes Übersee-Europa, das die Kreuzzüge im 12. und 13. Jahrhundert angedeutet haben – mag es seine Forderungen und Kreuzzugspläne auch beibehalten, die mehr und mehr utopischen Charakter annehmen. Ein dritter Aspekt der Expansion ist noch zweifelhafter und der Ursprung vieler späterer Konflikte. Es ist die Expansion nach Osten in Richtung jener unbestimmten, offenen Grenze, jener Wunde an Europas Flanke. Hier ist die Expansion nur phasenweise kriegerisch. Es ist eine vordergründig friedliche Expansion, die aus

Missionierung besteht, aus der Niederlassung von Siedlern, die Osteuropa durch Rodung und Städtebau in die europäische *Weltwirtschaft** integrieren. Aber die Expansion im Osten wird im wesentlichen von einer ethnischen Gruppe betrieben, den Deutschen, und stößt sich im wesentlichen an einer anderen ethnischen Gruppe, den Slawen. So entsteht für Jahrhunderte eine neue Quelle von Konflikten, es entsteht der Konflikt zwischen Germanen und Slawen, der für Europa umso schädlicher ist, als es ein Konflikt zwischen Christen ist, ein Konflikt zwischen Europäern.

Ich habe den Akzent auf die alte Zeit Europas gelegt, besonders des mittelalterlichen Europa, weil ich glaube, daß so die Gegebenheiten einer *longue durée* klarer werden, die im guten wie im schlechten das Erbe des heutigen Europa darstellen. Diese Untersuchung der weit entfernten Vergangenheit Europas erlaubt auch, besser zu definieren, was man unter Neuzeit und Moderne verstehen muß.

Traditionellerweise läßt man die Neuzeit mit dem 16. Jahrhundert beginnen, und tatsächlich gibt es mindestens zwei große Phänomene, die einen neuen Zeitabschnitt der Geschichte Europas anzeigen, eine so wichtige Veränderung, daß sie die Diagnose „Moderne" rechtfertigen kann. Das erste sind die großen Entdeckungen. Sie verändern die Stellung Europas in der Welt von Grund auf. Auch wenn

* deutsch im Original (A. d. Ü.).

sich diese geographische und mentale Tatsache nur langsam durchsetzt, die Welt besteht nun aus vier statt aus drei Kontinenten. Deshalb ist es Amerigo Vespucci, der Amerika seinen Namen gibt – denn erst er hat es als einen neuen Kontinent erkannt. In dieser nun aus vier Kontinenten vereinten Welt expandiert einer von ihnen wirtschaftlich, militärisch, demographisch und kulturell. Dieser Eroberer ist Europa. Auch wenn es weiterhin seine inneren Dämonen pflegt, so besteht für Europa „Moderne" doch zunächst im Rest der Welt und in seiner eigenen Präsenz dort.

Das zweite große Phänomen ist die Reformation. Sie bedeutet das Ende der religiösen Einheit, die das ganze Leben der Europäer durchdrang und seinen Rahmen bildete. Von nun an gibt es ein protestantisches und ein katholisches Europa, und es ist nicht mehr nur ein geteiltes Europa, sondern ein Europa, dessen beide Teile – sei es in der Form Staat gegen Staat, sei es innerhalb der Staaten – in einen erbitterten Streit geraten. Aber ist dies ein Zeichen der Moderne? Nachdem lange Zeit die Modernität Luthers und Calvins hervorgehoben worden ist, können wir heute die traditionellen Züge mancher ihrer Anschauungen auf religiösem, sozialem oder politischem Gebiet besser erkennen. Außerdem hat man die trotz eines gewissen zeitlichen Abstandes unverkennbaren Parallelen und Ähnlichkeiten zwischen zwei Reformationen hervorgehoben, der protestantischen und der katholischen, die früher Gegenreformation genannt wurde, obwohl doch die

Gegnerschaft zum Protestantismus nicht das einzige, vielleicht noch nicht einmal das wichtigste ihrer Ziele war. Schließlich sehen wir mit der Zeit, nach den Schrecken der Massaker, der Verfolgungen, der Vertreibungen, der Bürgerkriege, heute besser, in welchem Maße in ganz Europa hinter der katholischen wie der protestantischen Variante ein gleiches Gerüst christlicher Werte bewußt oder unbewußt erhalten geblieben ist.

Kann man im übrigen die ganze Vorstellung von der Modernität des 16. Jahrhunderts nicht überhaupt in Frage stellen? Wir haben vorhin gesehen, daß das Mittelalter im 9., 12. und 15. Jahrhundert von Aufschwungphasen und „Renaissancen" durchzogen wurde, die hinter der vordergründigen Bezugnahme auf eine heidnische oder christliche Antike Ausbrüche von Modernität waren.

Nach Ansicht der Geschichtsschreibung und der von ihr geprägten allgemeinen Meinung war die Renaissance vor allem durch eine intellektuelle und künstlerische Revolution bestimmt. Ist diese Revolution so unzweifelhaft? Das Denken des 16. Jahrhunderts bleibt häufig zutiefst mittelalterlich. Lucien Febvre hat es am Beispiel Rabelais' gezeigt. In der Kunst entstehen die ersten Meisterwerke der Renaissance spätestens ab dem 13. Jahrhundert. Legen wir nicht zu Recht in einem der Bereiche, in dem Modernität sich am deutlichsten zu bestätigen scheint, dem der Buchproduktion mit der Erfindung und Verbreitung des Buchdrucks, seit geraumer Zeit den Schwerpunkt auf die neuen Produktionsverhältnisse der handschriftlichen Bücher seit dem 13. Jahrhundert, vor allem im Umkreis und für die Erfordernisse der Universitäten? Stellt nicht das individuelle leise Lesen, das sich spätestens vom 13. Jahrhundert an verbreitet, im Verhältnis des Europäers zum Buch einen wichtigeren Wendepunkt dar als das gedruckte Buch? Bis in die Mitte des 16. Jahrhunderts hinein sind Philosophie und Naturwissenschaft nicht modern, sondern bleiben traditionell. Kopernikus gewinnt erst durch Galilei am Anfang des 17. Jahrhunderts einen revolutionären Einfluß. Müssen wir nicht bis zum großen wissenschaftlichen Aufschwung des 17. Jahrhunderts warten, von Galilei bis Leibniz und Newton, um wirklich von moderner Wissenschaft sprechen zu können? Kann man vor dem 18. Jahrhundert „modern" überhaupt in einer anderen als in einer rein chronologischen Bedeutung gebrauchen?

Betrachten wir zunächst die Definition der Modernität des 16. Jahrhunderts, die Henri Hauser gegeben hat, der große Historiker, der sie am besten definierte. Er bestimmt sie durch fünf „Revolutionen": eine geistige, eine religiöse und eine sittliche Revolution, eine „neue" Politik und eine „neue" Wirtschaft. Aus einer sehr differenzierten Untersuchung der geistigen Landschaft des 16. Jahrhunderts zieht Hauser den Schluß, daß „mit dem 16. Jahrhundert das Wort Wissenschaft seine Bedeutung ändert, es bezeichnet nicht mehr eine Tradition, ein Erbe, das man weitergibt, sondern bezeichnet nun das Erkennen des Bestehenden, eine Erkenntnis, die man gewinnt, indem man die Dinge beobachtet.“ Aber schon im 12. Jahrhundert betrachteten etwa der heilige Anselmus oder Abälard das Wissen nicht mehr als ein Erbe, sondern als eine Tätigkeit des Geistes; und wenn diese Betrachtungsweise tatsächlich im 16. Jahrhundert ausgeprägter und wirklichkeitsnäher wird, so schärften doch ein Robert Grosseteste, ein Roger Bacon und alle, die im 13. Jahrhundert in der Theorie wie in der Praxis die Perspektive einführten, darum nicht weniger den Blick, mit dem sie die Natur betrachteten.

Für den Bereich der Religion gibt Hauser selbst zu, daß sich der Individualismus der Renaissance bereits im florentinischen Humanismus des 14. und 15. Jahrhunderts findet. „Es ist ein Protest gegen das Asketische, eine Verherrlichung des irdischen Lebens, das es wert ist, um seiner selbst willen gelebt zu werden, mit seinen Leiden und seinen Freuden, es ist bereits die Goethesche Philosophie der ‚Braut von Korinth‘.“ Er zeigt auch, daß in dem, was man nicht ohne Übertreibung die „Entchristianisierung des europäischen Denkens“ genannt hat, der paduanische Averroismus nicht erst im 16. Jahrhundert seinen kritischen Geist ausübte. Schließlich schreibt Henri Hauser, daß er Abel Lefranc nicht so weit folgen könne, Rabelais als Atheisten anzusehen. Die neueste Forschung hat bereits im 13. Jahrhundert – und zwar kaum kaschiert – das gefunden, was Hauser als ein „extrem freies Christentum“ bezeichnet, „das außer dem Namen kaum noch etwas

Christliches hat". Unter die Bezeichnung „sittliche Revolution" fallen bei Henri Hauser im wesentlichen zwei Ideen, die er „völlig neu" findet. Die erste ist „die Einheit des menschlichen Stammes". Aber welches Zeitalter glaubte stärker an eine einzige menschliche Abstammung, die von den Söhnen Adams und Noahs, als das Mittelalter? Die zweite ist die des Fortschritts. Das Wort und die Vorstellung, die man bereits bei Abælard im 12. Jahhundert nachweisen kann, trifft man erst an der Wende vom 17. zum 18. Jahrhundert wirklich an.

Die „neue" Politik ist nach Henri Hauser durch vier Merkmale gekennzeichnet. Das erste ist die Bildung moderner Staaten und das Auftauchen des Begriffs der Nationalität – allerdings erkennen alle Historiker heute an, daß der entscheidende Beginn dieser Phänomene zwischen dem 13. und dem 15. Jahrhundert liegt und man erst seit der Französischen Revolution wirklich vom Begriff der Nationalität sprechen kann. Das zweite charakteristische Merkmal sei „die Entwicklung der Idee der Demokratie", die an die Reformation gebunden sei. Doch könnte man diese Entwicklung auch in den Wahlen und Entscheidungen innerhalb der Klöster angelegt sehen oder vor allem bei den Bettelorden im Hochmittelalter. Der Begriff „demokratisch" ist, wie der des „Glücks", erst im Europa des 18. Jahrhunderts eine neue Vorstellung. Das nächste Merkmal ist die „Säkularisierung der Politik". Zahlreiche Historiker haben das Phänomen der Verweltlichung der Politik in das 13. und 14. Jahrhundert, im besonderen in das Frankreich Philipp des Schönen verlegt, auch wenn sie bei der Bezeichnung ein wenig zu weit gegangen sind (ich spreche lieber von einer Übertragung des Sakralen auf den Staat). Auch hier setzt sich der allmähliche Prozeß der Autonomisierung der Politik gegenüber der Religion bis lange nach dem 16. Jahrhundert fort, und wenn Machiavelli auch ein großer politischer Denker bleibt, so ist es doch ein Irrtum der Perspektive einer bestimmten Geschichtsschreibung, aus seinem Werk ein Zeugnis für diese Autonomisierung zu machen. Schließlich sieht Henri Hauser ein Zeichen politischer Modernität in dem, was er „die Umwandlung der internationalen Beziehungen" nennt, die charakterisiert sei durch die „ganz moderne" Idee, ein „präzises Feindbild zu entwerfen". Nun hat die christliche Kirche in dem Bemühen, den „gerechten Krieg" zu definieren, selbstverständlich schon im Mittelalter der Beschreibung des Feindes eine große Bedeutung zukommen lassen. Und wenn es im internationalen Recht wirklich einen entscheidenden Moment gibt, dann den, als die Verträge anläßlich des Kampfes der Polen gegen den Deutschen Orden am Anfang des 15. Jahrhunderts verfaßt wurden, in denen mit großer Kraft und großer Klarheit die Begriffe der Unabhängigkeit der Staaten und des zwischenstaatlichen Nicht-Angriffs auftauchen.

Was die „neue" Wirtschaft angeht, so führt Hauser zu ihrer Kennzeichnung nur das Erscheinen „unvermittelter Krisen" an; das italienische Bankwesen aber – und in dessen Sog die Gesamtheit dessen, was man zu dieser Zeit Weltwirtschaft nennen konnte – hat am Ende des 13. Jahrhunderts und in den vierziger Jahren des 14. Jahrhunderts in Siena und Florenz bereits ähnlich unvermittelte Krisen gleichen Ausmaßes erlebt. Und zum Thema Krise muß vielleicht angemerkt werden, daß sich das gesamte christliche Europa im 14. und 15. Jahrhundert in der Krise befand. Und zwar in einer allgemeinen Krise, die es schließlich überwindet, da es sich um eine Reifungskrise handelt. Unter diesem Gesichtspunkt kann man die Krise, die Europa durchlebt und aus der es gestärkt hervorgeht, mit denen vergleichen, die zur gleichen Zeit die muslimische und die chinesische Welt befallen, die aber den Anfang eines langsamen Niedergangs darstellen, von dem sich jene Welten bis heute nicht erholt haben. Ist der relativ schnelle Wechsel von Krise und Erneuerung ein spezifisches Kennzeichen Europas, das zu der sich immer wieder erneuernden Moderne führt?

Ich zeige die Schwierigkeit der Verwendung des Ausdrucks „modern“ nur, um zu großer Vorsicht bei seinem Gebrauch aufzurufen. Diese Vorsicht ist auch nötig, wenn man die Geschichte der Begriffe „modern“ und „Modernität“ erforscht. Das Wort „modern“ entsteht, als das Römische Reich im 5. Jahrhundert zusammenbricht. Es ist somit an den Gegensatz „antik-modern“ gebunden, und im Mittelalter hat es im allgemeinen die Bedeutung von „gerade vergangen“ und „derzeitig“. Trotzdem ist häufig auch unterschwellig, vor allem im Geistesleben, eine Wertvorstellung damit verbunden. Im

9. Jahrhundert nennen Gelehrte die Zeit Karls des Großen das „Jahrhundert der Modernen“. Ein Engländer, Gauthier Map, sieht am Ende des 12. Jahrhunderts in diesem Jahrhundert das Ergebnis eines säkularen Fortschritts: „Ich bezeichne unsere Zeit als diese Moderne, das heißt die Zeitspanne von 100 Jahren, deren letzter Teil noch andauert, deren jüngste und offenkundige Erinnerung alles enthält, was bemerkenswert ist (...), die vergangenen 100 Jahre sind unsere Moderne.“ Die Gelehrten und Künstler des 13. und 14. Jahrhunderts zeigen sich Schlag auf Schlag als „Moderne“ im Verhältnis zu ihren Vorgängern, die schnell in die Alten verwandelt werden. In der Mitte des 13. Jahrhunderts zeigen sich die vom Aristotelismus geprägten Lehrmeister als die Modernen im Verhältnis zu den Lehrern drei Generationen vor ihnen. Im 14. Jahrhundert wiederum definieren sich Lehrer wie Ockham, Buridan, Bradwardine, Gregor von Rimini, Marsilius von Padua, Wyclif als „moderne“ Logiker, „moderne“ Theologen oder in bezug auf die aristotelischen Meister des 13. Jahrhunderts einfach als „Moderne“. Im 16. Jahrhundert sieht Vasari in Giotto – an der Wende vom 13. zum 14. Jahrhundert – den ersten modernen Künstler. In Wirklichkeit zeigt sich der Gegensatz zwischen „Alten“ und „Modernen“ erst voll ausgeprägt am Ende des 17. und am Anfang des 18. Jahrhunderts in Frankreich mit dem Streit der „Alten“ und der „Modernen“, der *Querelle des Anciens et des Modernes,* die vor allem die Schriftsteller, an zweiter Stelle die Philo-

sophen bewegt. Dieser Streit setzt die inzwischen bewußte und explizite Idee des Fortschritts voraus. Aber der Begriff *die Moderne* erscheint erst in der Mitte des 19. Jahrhunderts, eingeführt von Baudelaire in seinem Artikel *Le peintre de la vie moderne (Der Maler des modernen Lebens)*, der zum größten Teil 1860 geschrieben wurde und 1863 erschien. Die von Baudelaire definierte Moderne ist wesentlich eine ästhetische, ein ästhetisches Genießen der Gegenwart. Erst in der zweiten Hälfte des 20. Jahrhunderts wurde die Idee der Moderne Gegenstand gründlicherer Analysen, vor allem durch den Philosophen Henri Lefebvre in seiner *Introduction à la modernité* (1962) und durch Jean Baudrillard, der seinen Begriff von der Moderne in dem Artikel *Modernité* in der *Encyclopédia Universalis* 1968 zusammengefaßt hat. Jean Baudrillard hat sehr richtig bemerkt, daß die europäische Moderne ein langsamer Prozeß ist, dessen Anfang auch er in das 16. Jahrhundert legt – aber ich sehe diese Bewegung in Ansätzen bereits im 12./13. Jahrhundert, eine Bewegung, die erst im 19. Jahrhundert voll entwikkelt ist: „Die Moderne“, schreibt er, „ist nicht nur das Vorhandensein technischer, wissenschaftlicher und politischer Umwälzungen seit dem 16. Jahrhundert, sondern auch das Zusammenspiel der Zeichen, der Sitten und Kulturen, das diese Änderungen der Strukturen auf die Ebene des Rituellen und des sozialen Habitus überträgt.“

Das 17. und das 18. Jahrhundert hätten dann die Entwicklung des modernen individuellen und rationalistischen Denkens erlebt, die Säkularisierung der Künste und Wissenschaften mit der *Encyclopédie* – und der „romanticisme", das heißt, die Romantik, so wie sie Stendhal 1823 in *Racine et Shakespeare* definiert, wäre von radikaler Modernität gewesen. Auf sozialer und politischer Ebene ist das große Ereignis die Revolution von 1789, die den modernen bürgerlichen Staat in Europa schafft. Die Idee der Moderne auf politischer Ebene berührt Karl Marx, der in seiner *Kritik der Hegelschen Rechtsphilosophie* (1843) schreibt: „Die Abstraktion des *Staats als solchen* gehört erst der modernen Zeit, weil die Abstraktion des Privatlebens erst der modernen Zeit gehört. (...) Im Mittelalter ist Volksleben und Staatsleben identisch. Der Mensch ist das wirkliche Prinzip des Staats (...). Der abstrakte reflektierte Gegensatz gehört erst der modernen Welt. Das Mittelalter ist der *wirkliche,* die moderne Zeit ist *abstrakter* Dualismus."

Betrachten wir kurz, wie Europa während der Jahrhunderte, denen man die Bezeichnung Neuzeit gegeben hat, gealtert ist, bevor wir das alte Europa im Angesicht der heutigen Welt, der gegenwärtigen Form der modernen Welt anschauen. Wenn auch der Humanismus der Renaissance nicht derart von seinen mittelalterlichen Wurzeln abgeschnitten ist, wie man behauptet hat, so liefert er Europa doch neue Realitäten. Die emblematische Figur des Erasmus, des kritischen europäischen Humanisten von 1500, ist heute wieder zum Symbol für das Europa des Denkens geworden, was uns vielleicht bereits ahnen läßt, daß das Europa von gestern den Erfordernissen der Gegenwart gar nicht so unangepaßt ist. Der Buchdruck, der jahrzehntelang vor allem religiöse Werke des Mittelalters verbreitet, hilft schließlich bei dem entscheidenden Durchbruch der Volkssprachen, die nach und nach das Latein ersetzen. Ein Europa der Verlage zeichnet sich ab. Venedig, Lyon, Basel, Nürnberg, Antwerpen und, im 17./18. Jahrhundert, die Vereinigten Niederlande drucken für ganz Europa – und das, dank der Kolporteure, nicht nur für die kulturelle Elite.

Wenn auch Kriege die eigentlich geeinte mittelalterliche Christenheit entzweit haben, ist es doch die Neuzeit, die das Ausbrechen von zwischen Europäern geführten Kriegen erlebt, zunächst zwischen den Staaten des *Ancien Regime*, dann zwischen den Nationalstaaten. Sie entzweien, ruinieren, meucheln Europa in einer Art infernalischem Crescendo, von den Italienkriegen der Renaissance bis zum Dreißigjährigen Krieg, bis zu den Revolutionskriegen und den napoleonischen Kriegen und schließlich bis zu den zwei großen Kriegen des 20. Jahrhunderts, von denen der erste vor allem ein europäischer Krieg und der zweite vor allem in Europa mörderisch war. Europa muß heute ein Europa des Friedens sein, und das Paar Frankreich-Deutschland wie zur Zeit der Karolinger ein Paar enger Freunde.

Dennoch wurde die kulturelle Einheit Europas immer umfassender: Barock und Aufklärung sind europäische Bewegungen. Der aufgeklärte Absolutismus (die Bezeichnung einer autoritären Herrschaftsform, die jedoch die Fortschritte der Vernunft durchsetzen will) taucht im Europa des 18. Jahrhunderts als eine magische politische Formel auf, die sich von Lissabon bis Sankt Petersburg von den Philosophen inspirieren zu lassen scheint. Die literarische Mode, die sich rasch für ein Land und eine Sprache begeistert, verbreitet deren Produktion in ganz Europa. Italien, Spanien, Frankreich, England stehen dabei vor der Französischen Revolution an der Spitze. Im 19. Jahrhundert sind die deutsche Literatur und der russische Roman die Lektüre ganz Europas.

Die Französische Revolution war mit der Erklärung der Menschenrechte, der Abschaffung des Feudalwesens und dem republikanischen Geist eine außergewöhnliche Erweckerin Europas, aber sie verkennt die Macht der Religion, entgleist in den Krieg und in einen Nationalismus von bis dahin unbekannter Heftigkeit und zeigt das furchtbare Bild der *Terreur*. Wenn Napoleon in einem Europa der archaischen monarchischen Herrschaftsformen auch einige der Segnungen der Revolution verbreitet, so gibt er doch vor allem ein Beispiel dafür, was Europa nicht sein darf: ein Europa der Eroberung und der Herrschaft eines Staates und eines Mannes.

Das 19. Jahrhundert, das mit einer neuen, wiederum europäischen kulturellen Strömung, der Romantik, beginnt, erlebt die industrielle Revolution, ein weiteres Element der Modernität. Europa gibt der Welt das Beispiel seiner Erfolge und seiner Fehler. Fast überall, auf politischer wie sozialer Ebene, beleben Bestrebungen nach mehr sozialer Gerechtigkeit mehr oder weniger stark Gruppen und Parteien und führen zu Aufständen. Der Sozialismus – jedenfalls der europäische, denn Amerika ist noch nichts anderes als ein Anhang Europas – ist auf dem Vormarsch, im guten wie im schlechten. Im Westen Europas festigt sich die Demokratie vor allem in der bürgerlich-parlamentarischen Form.

Ein Irrweg wird nun rascher beschritten: jener, der Europa von der Expansion zum Kolonialismus führt. Europa wird, obwohl es weiterhin zivilisatorisch ist, auch zu einem Henkerkontinent, Henker Afrikas, Südostasiens und des Vorderen Orients. Einen anderen Irrweg wird man erst später bemerken: den der Wissenschaft in Richtung Szientismus, der den Rassismus radikalisieren wird und versucht, einen „wissenschaftlichen Sozialismus" zu legitimieren sowie die Moral aus der Wissenschaft zu eliminieren. Vor allem ist das 19. Jahrhundert das Jahrhundert, in dem der Nationalismus ausbricht, der sich ebenfalls zwischen einem Fortschritt und seiner Perversion entwickelt: der legitimen Anerkennung des Rechts der Völker auf Selbstbestimmung und den Auswüchsen des nationalistischen Wahns.

Heute scheint die Modernität kaum noch in Mode zu sein, man spricht sogar von Postmoderne. Dieser Begriff, der geschaffen wurde, um die Reaktion auf die Formen der ehemaligen Avantgarde in der Architektur zu bezeichnen, ist auf alle wirtschaftlichen, politischen und vor allem kulturellen Bereiche des Westens, und da im besonderen Europas, ausgedehnt worden. Nachdem er in Europa entstanden ist, hat er sich in Amerika durchgesetzt, von wo er mit Macht wieder nach Europa zurückkommt. Ich sehe in ihm keinerlei Vorteil, um die Geschichte unserer Zeit besser in den Griff zu bekommen. Wie Jean Baudrillard gezeigt hat, war bereits die Moderne ein unklarer Begriff. Die Postmoderne ist es umso mehr, als Europa, wie wir gesehen haben, zahlreiche Modernen erlebt hat – und die, von der sich die Postmoderne abgrenzen soll, ist weder die zusammenhängendste noch die klarste.

Die moderne Welt ist die Welt von heute und von morgen. Diese Welt muß mit den Strukturen, den Traditionen und der Kultur Europas konfrontiert werden, die in mindestens zweieinhalb Jahrtausenden entstanden sind.

Eine erste Herausforderung ist die der neuen Nationalismen. Das Phänomen reicht ins Mittelalter zurück und hat sich im 19. Jahrhundert gesteigert. Nachdem die nationalistischen Tendenzen der Völker vor allem durch die drei autoritären Reiche Preußen, Rußland und Österreich-Ungarn abgeblockt und unterdrückt worden waren, hat es kurz nach dem Ersten Weltkrieg die Niederlage dieser Reiche mehreren Nationen ermöglicht, plötzlich zu entstehen oder wiederzuerstehen. Das war der Fall bei Polen, der Tschechoslowakei, Ungarn, Rumänien, Albanien und den baltischen Staaten. Auf dem Balkan versuchte man die Schaffung eines multinationalen Staates, Jugoslawien. Aber vor und nach dem Zweiten Weltkrieg haben die neue russische Herrschaft, Sowjetsystem und Stalinismus, und die Herrschaft Hitlers die wiedererstandenen Nationen erneut gepeinigt. Der Untergang des nationalsozialistischen Deutschland hat die Nationen, die unter das sowjetische Joch fielen, nicht gerettet. Erst seit 1989 hat der Zusammenbruch der Sowjetunion den Ländern Mittel- und Osteuropas die Unabhängigkeit gebracht oder anderen Nationalismen ermöglicht, sich zu Wort zu melden, zum Beispiel in der Slowakei und in Moldawien. Im ehemaligen Jugoslawien aber hat die Herrschaft einer Nation, Serbiens, über die anderen zum Auftreten neuer Nationalismen geführt, die sich politisch nur in Slowenien und Kroatien haben anerkennen lassen, während andernorts Kämpfe und grauenhafte Massaker weitergehen. Einer der schlimmsten rassistischen Begriffe, die „ethnische Reinheit", der auf unglückselige Weise an eine bestimmte europäische Vergangenheit erinnert, zum Beispiel auf der Iberischen Halbinsel (das „Blutsdenken" am Ende des 15. Jahrhunderts) und im nazistischen Europa, hat verheerende Folgen. Das Unglück des alten Europas liegt darin, daß es zu lange Zeit unterdrückte Nationalismen hat heranreifen lassen, die heute anachronistisch sind, weil sie sich nicht gleichzeitig mit den anderen haben entfalten können. Sie drohen Europa zeitlich versetzt zu gefährden und zurückzuwerfen, bevor das Europa der Nationen vollendet ist, während im größten Teil des Kontinents bereits ein vereintes Europa sichtbar wird. Dieses Mißverhältnis der

Nationalismen ist die erste Krankheit des modernen Europa.

Die zweite Krankheit, die häufig mit der ersten verbunden ist, ist das Wiedererstehen des Rassismus und der Mentalität des Ausschließens, wovon das eine sich durch fremdenfeindliche Angriffe äußert, die häufig an den Nationalsozialismus erinnern, während das andere angesichts einer großen Einwanderungsbewegung unglücklicherweise von den Regierungen beschlossen wurde, die damit einen alten europäischen Mechanismus des Sich-Verschließens und der Selbstbezogenheit wiederaufnehmen.

Denn angesichts der Herausforderung der modernen Welt findet Europa die Dualität seiner Traditionen wieder und zögert häufig, welche Entscheidung es treffen soll.

Das 19. Jahrhundert hatte die Idee der Demokratie populär gemacht und das Modell der parlamentarischen Demokratie geschaffen. Nach dem Fall der Diktaturen gibt es im heutigen Europa fast überall demokratische Regierungsformen, aber vor allem im Zentrum und im Osten sind diese Demokratien zerbrechlich, und andernorts hat die politische Demokratie es nie verstanden, mit einer wirklichen wirtschaftlichen und sozialen Demokratie einherzugehen. Die Verwirklichung der Demokratie steht stärker als je zuvor auf der Tagesordnung in Europa.

Sehr früh hat sich Europa auf die Vergangenheit berufen, auf die Geschichte. Seit den Griechen ist Klio eine der Herrinnen Europas, und die Nationalbewegungen haben sich nicht selten auf eine Geschichte berufen, die erfunden war. Der Grund dafür liegt in der Komplexität und Vieldeutigkeit der Geschichte. Wie Jean Baudrillard gesagt hat, ist „die Geschichte seit Hegel die beherrschende Instanz der Moderne geworden", aber derselbe Hegel hat von der „Last der Geschichte" gesprochen. Europa muß sich jetzt der Manipulationen und Fälschungen der Geschichte entledigen sowie der lähmenden Last eines bestimmten Zugriffs auf die Geschichte. Stärker als andere Kontinente erlebt Europa heute ein Erwachen der *Erinnerung*. Auch hier gilt: Wenn die Erinnerung das Vergessen der Fehler und Verbrechen der Vergangenheit bekämpfen soll, um dazu beizutragen, sie nicht zu wiederholen, so muß sie einer wissenschaftlichen und objektiven Geschichtsschreibung die Sorge überlassen, auf der Basis des Respekts vor der Geschichte eines jeden einzelnen die gemeinsame Erinnerung Europas zu schaffen.

Selbst in den Phasen der Einheit war Europa Vielfalt, im Römischen Reich, unter dem Christentum oder während der industriellen Revolution. Die *longue durée* Europas erweist sich als eine Dialektik zwischen dem Bemühen um Einheit und dem Bewahren der Vielfalt. Deshalb scheint das Modell eines Europa der Nationen gegenwärtig für die Anforderungen der europäischen Einheit das am besten geeignete zu sein.

Das Erfordernis einer europäischen Einheit stimmt überein mit dem Atem der Geschichte, der bald die Zerstückelung politischer Komplexe in nationale Einheiten begünstigt, bald die Schaffung großer Komplexe gefördert hat, die man Reiche nannte. Europa muß heute eine andere Form der Einheit erfinden als die eines Reiches. Diese Orientierung entspricht nicht nur seinen inneren Notwendigkeiten, sie ist auch eine Reaktion auf die äußeren Herausforderungen, auf die Europa in veränderten Formen in der gegenwärtigen Welt trifft. Das Europa des Mittelalters und der Neuzeit hat der byzantinischen Welt, der arabischen und dem Osmanischen Reich entgegentreten müssen. Selbst wenn es sich heute glücklicherweise um eine friedlichere Konfrontation handelt, zwingt die Präsenz riesenhafter Akteure der Geschichte (riesenhaft durch ihre geographische Größe oder durch ihre wirtschaftliche Stärke oder durch beides) Europa dazu, eine vergleichbare Größe zu erreichen, wenn es seine Existenz und seine Identität bewahren und entwickeln will. Gegenüber Amerika, gegenüber Japan, morgen gegenüber China, muß Europa über das nötige Gewicht verfügen, um wirtschaftlich, demographisch und politisch in der Lage zu sein, seine Unabhängigkeit zu sichern.

Zum Glück besitzt es die Kraft seiner Kultur und seines gemeinsamen Erbes. Wir haben gesehen, daß die europäische Kultur im Laufe von zweieinhalb Jahrtausenden in immer neuen Schüben schöpferisch war, und noch heute sind der wichtigste Rohstoff Europas zweifellos die grauen Zellen, wie ein Slogan verkündet hat. Was übrigens das Problem der Größe angeht, so verfügt Europa über zusätzliche Trümpfe. Wenn es sich ausreichend zu einigen versteht, wird es groß sein, wenn es seine nationale und regionale Vielfalt beizubehalten versteht, wird es auch von den Vorzügen der Kleinheit profitieren, die man neuerdings erkannt hat. Vor allem ist es reich an einer Vielfalt von Größen, die aus ihm eine Welt mannigfaltiger und einander ergänzender Maßstäbe machen.

Die Bedeutung des Bildungswesens und der Forschung für jede Form der Stärke und des Wachstums wird heute anerkannt. Europa profitiert vom ältesten Kapital der Alphabetisierung. Es bleibt der bedeutendste Ort der Innovation im Bereich der Forschung, auch wenn es nicht, wie die Vereinigten Staaten oder Japan, die Mittel hat, die Lagerstätten der Intelligenz auf die gleiche Weise zu nutzen. Europa wurde früh industrialisiert und hat seine Umwelt stark zerstört oder verschmutzt, aber bereits im Mittelalter sorgten dörfliche Gemeinschaften dafür, das waldwirtschaftliche Erbe, das durch hemmungslose Ausbeutung fast zugrundegerichtet worden war, wiederherzustellen. Europa besitzt ein ökologisches Erbe. Auch hier ist die Moderne nur die Beschleunigung einer Tradition.

Europa findet in seiner Geschichte auch Traditionen, um auf die meisten anderen Herausforderungen der modernen Welt zu reagieren, wenn diese Herausforderungen auch bisher unbekannte Formen und Größe angenommen haben. Raymond Aron glaubte, das Ideal der Moderne sei „das prometheische Streben, das Streben, dank Wissenschaft und Technik Herrscher und Besitzer der Natur zu werden". Seit dem Mittelalter war Europa dieses Risiko bekannt, und seit dem Mittelalter haben sich Mittel zur Abhilfe gezeigt. Die Ethik als Gegengewicht (Wissenschaft ohne Gewissen ist nur eine Ruine der Seele, heißt es bei Rabelais) und die Unterwerfung des Wirtschaftlichen und Technischen unter das Politische im Rahmen des Allgemeinwohls haben den prometheischen Stolz im Zaum gehalten.

Eine andere Herausforderung ist das Geld. Das Europa des 13. und dann das des 19. Jahrhunderts hat sich wie besinnungslos auf den Profit gestürzt, auf den Reichtum, vor allem auf den Geldreichtum. Auch hier haben moralische Kräfte die Gier und die Verwüstungen des Geldes zu begrenzen verstanden. Die Wirtschaft, die als eigener Bereich, als anerkannte Kraft in der Vergangenheit der Menschheit und im besonderen in der Vergangenheit Europas nicht existierte, strebt heute danach, alles zu beherrschen. Nicht nur die Staaten und die einzelnen Menschen scheinen angesichts undurchsichtiger wirtschaftlicher Kräfte und vermeintlicher wirtschaftlicher Gesetze abzudanken, selbst die Wirtschaftswissenschaft, der diese Staaten willig ihr Ohr leihen, hat bis jetzt die Krisen und ihre schlimmste Erscheinung, die Arbeitslosigkeit, nicht zu analysieren und noch weniger einzudämmen vermocht. Europa muß der Welt das Beispiel geben, Wirtschaft und Wirtschaftswissenschaftler wieder auf ihren Platz zu verweisen.

Europa war der wichtigste Geburtsort der Vernunft – im antiken Griechenland, in der mittelalterlichen Scholastik, im Humanismus der Renaissance, in der Philosophie der Aufklärung, in der Wissenschaft des 19. und des 20. Jahrhunderts. Wenn der Rationalismus auch übertriebene und gefährliche Formen angenommen hat, darunter der Szientismus, so muß die gegenwärtige Reaktion, die viele Europäer zu verlocken scheint, die Verführung durch Antiintellektualismus, durch Antirationalismus, die in den verschiedenartigsten Formen auftreten – von bestimmten ökologischen Phantastereien bis zu oft gefährlichen Überspanntheiten von Sekten –, doch bekämpft werden, und das Erbe des europäischen Denkens kann den heutigen Europäern helfen, dergleichen Wahnvorstellungen zurückzudrängen.

Man erkennt, wie ich glaube, an dem Gesagten, bei dem der Historiker zum Staatsbürger wird, daß die Entscheidung für Europa nicht in der Wahl zwischen Tradition oder Moderne besteht. Sie besteht im richtigen Gebrauch der Traditionen, im Rückgriff auf das Erbe als Kraft der Anregung, als Stütze, um eine andere europäische Tradition zu bewahren und zu erneuern, die der Kreativität. Einer der bösen Dämonen Europas war es, zu häufig die europäische Zivilisation mit der gesamten Zivilisation zu verwechseln, eine Welt nach seinem Bildnis haben zu wollen. Wenn Europa ein Modell für die Welt der Moderne sein will, muß es die anderen respektieren, sich für die anderen öffnen. Gerade weil es seit den Griechen immer wieder für die anderen offen war, hat es große Dinge hervorgebracht.

Jean Baudrillard hat unter den Krankheiten der Moderne auch eine Angst diagnostiziert, die die Europäer heute zu künstlichen Paradiesen treibt, zu maßlosem Konsum von Beruhigungsmitteln und Medikamenten, zum Anstieg der Zahl von Geisteskranken und Selbstmorden. Auch dies hat das alte Europa gekannt. Das bedeutet nicht, daß die Geschichte ein ewiger Kreislauf wäre. Heraklit hatte recht, als er sagte, der Mensch bade niemals zweimal in demselben Fluß. Aber es gibt in der Geschichte Strukturen der *longue durée*, die über Generationen hinweg die Grundlage der kollektiven Identität von Männern und Frauen bilden, die lange Zeit zusammengelebt haben. Man hat die Ausbreitung des Christentums im antiken Europa im Zusammenhang mit einem „Zeitalter der Angst" betrachten können. Das Mittelalter und die Neuzeit wurden durchzogen von großen Ausbrüchen von Ängsten, von Anfällen eines Wahnsinns, den Michel Foucault sehr richtig eingeordnet hat zwischen der Angst vor dem Wechsel und dem Schock der Unterdrückung in den Hospitälern, von Selbstmordepidemien, dem Aufbrechen des Flagellantismus, den Delirien einer millenischen Furcht vor der großen Abenddämmerung der Menschheit. Bronislaw Geremek hat gezeigt, wie die Ausgrenzung von Außenseitern, die keine Wohnstätte und keine Arbeit hatten, im Mittelalter und in der Neuzeit Scharen von Vagabunden und Bettlern auf die Straßen

Europas getrieben hat, die leicht zu Dieben und Kriminellen wurden. An diese Außenseiter, diese Ausgeschlossenen erinnern heute die Scharen von Arbeitslosen, von „neuen Armen“, von Drogenabhängigen, von Straffälligen der Vorstädte. Europa hat diese Ängste und Krisen zu überwinden gewußt. Es muß es auch heute tun, ohne zu warten, bis die Städte, die die Quelle der europäischen Zivilisation waren, mit noch mehr Leichen der Ausgrenzungsopfer bedeckt sind. Und um diese wiederkehrenden, aber immer unerträglicher werdenden Geißeln besser zu bekämpfen, muß es sich vereinen. Es muß eine seiner charakteristischen Eigenschaften wiedererlangen: das Gleichgewicht – das sich nur durch das Ausmerzen der Ungleichheiten verwirklichen läßt, der Ungerechtigkeiten und zunächst der Armut. Europa hat es verstanden, zwischen einer willentlichen Armut zu unterscheiden, die eine Tugend darstellt, und einer aufgezwungenen Armut, die ein Unglück ist. Es ist an den Europäern, gegen die neue Armut, die Millionen unter ihnen aufgezwungen wird, erneut den Kampf aufzunehmen.

Europa ist nicht alt, es ist traditionsreich. Die Welt ist keine moderne, sondern eine gegenwärtige Welt. Der richtig gebrauchte Reichtum seiner Traditionen ist eine Stärke. Die Geschichte ist eine Kraft, die sich nach vorne bewegt, und wenn auch nicht zu *dem* Fortschritt, so doch wenigstens zu Fortschritten hinführt – hoffen wir es, indem wir einem Begriff seinen Inhalt und seinen Adel zurückgeben, den unsere Epoche vor allem in Europa schlecht behandelt hat, wo sich Abscheulichkeiten ereignet haben, von denen man gedacht hätte, sie seien auf diesem Kontinent für immer überwunden.

Das mittelalterliche Europa
und das Europa von morgen

Das Thema, von dem ich etwas unbesonnen im weiteren sprechen will, ist unermeßlich. Es liegt auf der Hand, daß ich nur auf wenige Punkte eingehen und manche überhaupt nur streifen kann. Bevor ich zum eigentlichen Thema komme, möchte ich drei Bemerkungen machen: Die erste betrifft die Beziehungen des Mittelalters zu unserer Epoche. Man hört oder liest gelegentlich, wir befänden uns am Beginn eines neuen Mittelalters. *Das neue Mittelalter* ist der Titel des 1924 veröffentlichten Buches von Nikolaj Berdjajew, dem russischen Philosophen, der zum christlichen Glauben zurückgekehrt ist, ohne sich von der marxistischen Utopie vollständig zu lösen. Seine Ansichten beruhen vor allem auf der Vorstellung von der Rückkehr des im 18. und 19. Jahrhundert entchristianisierten und vom Materialismus erfaßten Europa zum religiösen Glauben, sie beruhen auf der Vision von der Rückkehr der Gewalt, wenn nicht sogar der Barbarei, die als ein Neuanfang betrachtet wird, wie ihn das Mittelalter erlebt hat, auf der Wiederkehr einer eschatologischen Idee der Geschichte, auf einem Nachdenken über letzte Dinge, das die Bestimmung des Menschen in seiner Rückkehr zu Gott findet.

Diese Vorstellung von einem neuen Mittelalter erscheint mir verschwommen und widersprüchlich zugleich, selbst dann, wenn sie ihren Ausdruck in weniger mystischen Formen findet. Die Geschichte beginnt nicht von Neuem. Die Theorien von der „ewigen Wiederkehr“, der manche Religionshistoriker und Philosophen so gern anhängen, gelten nicht für die Geschichte, wie sie Historiker unterschiedlicher historiographischer Schulen verstehen. Nur bestimmte aus dem Mittelalter stammende Erklärungsschemata können teilweise Aufschluß geben – das werde ich *mutatis mutandis* versuchen; vieles ist dabei noch zu bedenken: bestimmte Aspekte der Vergangenheit, der Gegenwart und der möglichen Zukunft. Wenn im Westen wie im Osten Europas auch ein nicht zu leugnendes Erwachen des Spirituellen zu spüren ist, so existiert dieses doch gleichzeitig mit einer sich ebenfalls beschleunigenden Entwicklung der Entfremdung in den Glaubensvorstellungen und Praktiken der etablierten Religionen; das gilt vor allem für das Christentum in seinen katholischen, reformierten und orthodoxen Ausprägungen, aber auch für das Judentum oder die Freimaurerei. Daß unsere Epoche eine Epoche der Gewalt ist, brauche ich leider nicht zu beweisen. Doch wenn unsere Gesellschaft von Natur aus auch bestimmte Formen der Gewalt hervorbringt, so ist das nicht mit der konstanten Gewalt des Mittelalters zu vergleichen, die trotz aller Anstrengungen der Kirche den Feudalstrukturen inhärent war, in einer Zeit, als Krieg nichts Akzidentelles war, sondern eine regelmäßige und verbreitete Tätigkeit, und das menschliche Leben auf dieser Erde wenig zählte. Nein, wir befinden uns nicht mehr im Mittelalter, wie man häufig sagt.

Wünschen wir uns, daß wir nicht dahin zurückkehren. Glauben Sie einem Mediävisten: Das Leben war damals wesentlich härter als heute, und die Männer und Frauen jener Epoche waren sich dieser Härte bewußt, auch wenn sie Vergnügungen und Freude kannten. Was sie dagegen meinem Eindruck nach nicht kannten, war das Glück, über das Saint-Just später, am Ende des 18. Jahrhunderts, sehr richtig sagte: „Das Glück ist in Europa eine neue Vorstellung." Nein, die Barbarei ist nicht der Beginn von etwas, sie ist ein Übel zu allen Zeiten, und das Mittelalter hat ganz besonders darunter gelitten. Und wenn der heutige Europäer eschatologische Vorstellungen hat, dann sind es leider solche von Völkermord oder nuklearer Bedrohung, sie sind apokalyptischer als die der mittelalterlichen Gesellschaft, in der die Utopien und Ängste der Apokalypse im allgemeinen nur bei Minderheiten verbreitet waren.

Die europäischen Menschen brauchen heute nicht die Vorstellung vom Ende der Geschichte, sondern eine Hoffnung auf die Zukunft, und zwar auf eine so nahe Zukunft wie möglich.

Meine zweite Bemerkung ist eine Warnung vor dem naiven Glauben an die historische Existenz Europas. Nein, Europa existierte im Mittelalter nicht, es existiert auch heute noch nicht. Aber die Geschichte hat ihm Grundlagen gegeben, sie hat ihm ein Erbe hinterlassen, und das Mittelalter hat die erste Andeutung seiner Verwirklichung erlebt und ihm in entscheidenden Punkten den Weg gewiesen. Wir müssen uns wieder auf diesen Weg nach Europa machen, ihn fortsetzen, ihn real machen. Das Mittelalter oder besser die mittelalterliche Geschichte kann uns ebenso durch ihre Mißerfolge helfen, Europa zu erbauen, wie durch ihre Erfolge, ebenso durch das, was sie uns zu vermeiden rät, wie durch das, was fortzuführen sie uns auffordert. Das mittelalterliche Christentum war im Guten wie im Schlechten eine Vorwegnahme Europas.

Meine dritte Vorbemerkung ist eine Aufforderung, dabei der Zeit eine besondere Aufmerksamkeit zu widmen: der Dauer. Das wird Sie bei einem Historiker nicht verwundern. Und noch weniger bei einem Historiker, der – in einer Linie mit Henri Pirenne, dem großen Genter, Lucien Febvre und Marc Bloch, den Gründern der *Annales,* und meinem Lehrer Fernand Braudel – der Ansicht ist, daß das Wichtigste in der Geschichte nicht in kurzer Zeit und nicht im einzelnen Ereignis zum Tragen kommt, sondern in der *longue durée*. Werden wir uns der zeitlichen Mächtigkeit Europas bewußt: Das Mittelalter, das in dieser Geschichte entscheidend ist, umfaßt nach gängigem wissenschaftlichen Verständnis mindestens zehn Jahrhunderte, vom 5. bis zum 15. Jahrhundert, und ich für meinen Teil glaube an ein langes Mittelalter, an eines, das vom Zerfall der römischen Welt im 3. Jahrhundert bis zur Französischen Revolution und der Industriellen Revolution geht. Es ist die Dauer eines mittelalterlichen Europa, das sich nur schwer von der Antike losreißt, um in mehreren Phasen eine neue Welt zu erbauen, deren letzte die ist, die man „die Anfänge der Neuzeit von der Renaissance bis zur Aufklärung“ nennt.

Das Europa, das heute gerade errichtet wird, ist zunächst die Fortsetzung des 19. und 20. Jahrhunderts, jener Jahrhunderte, die die Auseinandersetzung zwischen der unvollendeten Französischen Revolution von 1789 und der immer wieder entstehenden Gegenrevolution erlebt haben, die erlebt haben, wie die Wirtschaft ein vielleicht allzu großes Gewicht im Leben der europäischen Gesellschaften erhalten hat, wie wissenschaftlicher und technischer Aufschwung nicht immer ausreichend beherrschte Erfolge errangen und wie in Europa entstandene Kriege aufeinander folgten und zu wiederholten Malen große Kriege wurden, die sich auf – zumindest fast – die ganze Welt ausweiteten; und die auch erlebt haben, wie Nationalismen sich zwar einerseits mit Berechtigung, andererseits aber auch mit dramatischen Folgen entfesselten. Wir erleben es noch heute. Die Geschichte, die – ebenfalls während dieser beiden Jahrhunderte – zu einer Wissenschaft, aber auch zu einer Obsession geworden ist, erschien den Europäern häufig schwer genug. So konnte Hegel von „der Last der Geschichte“ sprechen. Es ist an uns, diese Last in ein Sprungbrett zu verwandeln. Wir müssen uns aber auch bewußt sein, daß der beginnende Prozeß der Einigung langsam vorangehen und lange dauern wird; nur zu diesem Preis wird er stabil und glückbringend sein. Wir benötigen also einen langen Eifer und eine lange Anstrengung, vergessen wir das nicht, überspringen wir keine Etappen. Europa ist ein langes Patiencespiel, aber es ist es wert. Planen wir also Europa in langen Etappen, und vergessen wir nicht, daß die Zeit, das Material der Geschichte, aus einer Vielzahl von Zeiten und Dauern, von *durées*, gemacht ist und daß sich die Wahrnehmung und die Vorstellung von der Zeit in Europa vom Mittelalter bis heute verändert haben und sich weiter verändern werden.

Ich werde jetzt das mittelalterliche Europa beschreiben sowie – natürlich auf weniger solide Weise – das Europa von morgen, das ich erahne, das ich aber nicht kenne. Ich will es so beschreiben, wie es mir möglich, wahrscheinlich und wünschenswert erscheint, und zwar unter fünf Aspekten.

Zunächst der europäische Raum: Bis wohin erstreckt sich das Europa, das sich auf die Geschichte beruft?

Zweitens die kulturelle Einheit: Um welche Wirklichkeit herum, auf welchen Werten hat Europa im Mittelalter begonnen, sich zu entwickeln, und welche soll es heute als Basis für die Einigung haben? Wirtschaftliche Kräfte, politische Institutionen, intellektuelle kulturelle Werte, gemeinsame Mentalitäten?

Drittens: Das Europa der Ausgrenzung, des Ausschließens. Denn verschließen wir nicht den Blick. Das mittelalterliche Europa hat auch Ausgrenzungen hervorgebracht, und das heutige Europa scheint durchaus bereit, diese Tendenz zu erneuern. Ersparen wir dem Europa von morgen diese Fehler und Flecken auf seiner Geschichte.

Viertens: Ein schöpferisches Europa. Neben seinen dunklen Seiten war das mittelalterliche Europa eine intensiv schöpferische Epoche, und diese Dynamik der Zivilisierung war sein großes Kennzeichen und sein großer Erfolg; wir sollten es verstehen, diesen Erfolg im Europa von morgen wiederaufzugreifen und fortzusetzen.

Fünftens schließlich glaube ich, daß Individuen, Völker und Nationen am stärksten durch eine gemeinsame Vorstellungswelt verbunden werden: Dieselben Mythen, dieselben Bilder, dieselben Ideale bilden den besten Erbteil der Europäer. Die Geschichte der Vorstellungen, der Träume und der Erinnerungen, aber auch der Aussichten auf die Zukunft, die sich heute mit großer Attraktivität ausbreiten, muß es uns ermöglichen, die guten von den schlechten Obsessionen der Europäer in der Vergangenheit, vor allem im Mittelalter, zu unterscheiden, und uns helfen, für das Europa von morgen eine so leuchtende Vorstellungswelt wie möglich zu prägen. Ich habe natürlich, ich wiederhole es, in Hinblick auf das Mittelalter, eine vergangene Epoche, den Gegenstand meiner Forschungen und meiner Lehre, und auf das Europa von morgen, für das ich kein Prophet bin, ganz unterschiedliche Auffassungen. Ich bin übrigens nicht der einzige, die Geschichte sagt nichts voraus!

Doch, um anzufangen: Der europäische Raum. Wie war er im Mittelalter beschaffen? Rufen wir kurz etwas Entscheidendes ins Gedächtnis. Die Geschichte vollzieht sich im Raum. Raum und Zeit sind die beiden wesentlichen Rahmenbedingungen – ich würde sogar sagen, mehr als Rahmenbedingungen: Sie bilden die Substanz der Geschichte. Wenn ich dem Unterrichts- und Erziehungswesen in Frankreich auch oft kritisch gegenüberstehe, so schätze ich die Unterrichtstradition, die von der Grundschule und der weiterführenden Schule an die Geschichte mit der Geographie verbindet; es ist eine Gewähr dafür, sich wirklich bewußt zu werden, daß Geschichte, ich wiederhole es, in Zeit und Raum erfolgt. Und es gibt, glaube ich, keine Technik, die notwendiger und wichtiger für den Historiker wäre als die Kartographie, eine modernisierte, problemorientierte Kartographie, die die Bezüge zwischen den Phänomenen herausarbeitet und Fragen offenkundig werden läßt.

Im Mittelalter bildet sich also der europäische Raum. Zunächst muß man das Verschwinden des Begriffes „Europa" in allen anderen Bedeutungen als einer rein geographischen in den Texten, Werken und im Bewußtsein (einschließlich des Bewußtseins der Gelehrten) zwischen dem 8. und dem 15. Jahrhundert feststellen. Allerdings findet sich die Bezeichnung „Europäer" bei einem Chronisten des 8. Jahrhunderts im Zusammenhang mit dem Sieg Karl Martells über die aus Spanien gekommenen Araber, die 732 bei Poitiers geschlagen wurden. Hier die Worte des Chronisten: „Die Europäer beobachten die geordnet aufgereihten Zelte der Araber." („Prospiciunt", wenn Sie mir erlauben, zwei

Worte Latein zu sprechen, „Europenses Arabum tentoria ordinata.“) Man muß erst auf Papst Pius II. (den Sieneser Aeneas Silvius Piccolomini) im 15. Jahrhundert warten, bis der Ausdruck „europeus“ (europäisch, Europäer) im Lateinischen mehr und mehr in Gebrauch kommt. Die europäische Wirklichkeit im Mittelalter ist die Christenheit. Aber der Raum Europas formt sich, und – darauf ist hinzuweisen – er formt sich paradoxerweise seit den Barbareneinfällen, im Laufe einer langen Akkulturation zwischen Römern und Barbaren. In einem kürzlich erschienenen Buch über die Franken hat der junge amerikanische Mediävist Patrick Geary auf, wie ich finde, meisterhafte und überzeugende Weise gezeigt, wie seit mindestens dem 3. Jahrhundert – in das ich sehr gern den Beginn des Mittelalters verlegen würde – zwischen Römern und Barbaren unablässig ein kultureller Austausch stattfand und sich eine Akkulturation vorbereitete, die dann nach den sogenannten Barbareneinfällen erfolgte.

Wir merken also immer deutlicher, daß die Frage wahrscheinlich schlecht gestellt ist: Haben die Barbaren die „römische Welt" barbarisiert? Die historische Wirklichkeit ist, daß sich lange vor diesen Einfällen eine Integration der Welt der Barbaren und der römischen Welt vollzogen hat, die – wenn wir nicht bis ins Neolithikum zurückgehen wollen – als grundlegendste Epoche und das einschneidendste Phänomen der Akkulturation für die europäische Zivilisation anzusehen ist. Die Königreiche der Barbarenvölker haben die europäischen Nationen vorweggenommen: Das fränkische Gallien, aus dem Frankreich hervorgeht, das Italien der Goten um Theoderich in Ravenna, das westgotische Spanien, Burgund, die angelsächsischen Königreiche. Vergessen wir nicht, daß es, lange bevor dieses Phänomen in den Vereinigten Staaten im 19. und 20. Jahrhundert benannt wurde, einen europäischen „meltingpot" gegeben hat. Der große Historiker Marc Bloch hat bemerkt, daß der Franzose sich im Mittelalter aus Gallo-Römern, Burgundern, Franken, Westgoten, Ostgoten geformt hat; fügen wir noch die Juden hinzu, die seit der Antike da waren, und wir haben das Modell dieses historischen „Gemischs": ein guter Franzose. Folglich halten auch die Dummheiten, um nichts Heftigeres zu sagen, die manche heute über die Reinheit der Rasse verbreiten wollen, dem Blick der Geschichte nicht stand.

Dann gibt es mit den Teilungen des Karolingerreiches im 9. Jahrhundert, mit der Trennung in ein Westfränkisches Reich, aus dem später Frankreich hervorgeht, und ein Ostfränkisches Reich, aus dem Deutschland hervorgeht, einen neuen entscheidenden Sprung in Richtung Europa. Denn wir müssen uns bewußtmachen, daß sich Europa – bevor es, wie ich fest hoffe, zu einer Einheit gelangt – in der Vielfalt ausgebildet hat, und daß diese Vielfalt für Europa ein Grundelement ist. Zwischen dem 10. und dem 15. Jahrhundert kommt es zur Ankunft und zum Eintritt neuer Völker in die Christenheit, das heißt Europa. Und das elementare Phänomen für diese Völker ist, genau wie es bei der ersten großen Welle der Barbareneinfälle der Fall war, die Bekehrung zum Christentum.

Die Bekehrung zum Christentum ist ein entscheidendes und komplexes Phänomen, aber von dem uns interessierenden Ansatz aus bedeutet sie für ein Volk im mittelalterlichen Europa in gewisser Weise, der internationalen europäischen Gemeinschaft beizutreten; es ist, als ob es der europäischen UNO jener Zeit beitrete. Bekanntlich ist das zwischen dem 10. und dem 11. Jahrhundert bei den Nordländern der Fall und gleichzeitig bei den Ungarn, dann den Slawen, denen im 13. Jahrhundert die Preußen folgen, und schließlich dann, als letzte, die Litauer in einer ersten Phase im 13. und in einer zweiten im 15. Jahrhundert. Daneben vollzieht sich ein anderes, wohlbekanntes Phänomen: die langsame Rückeroberung Südeuropas vom Islam. Eine erste Episode, die man bisweilen vergißt, ist die Rückeroberung der Provence, die im 10. Jahrhundert in so weiten Teilen von den Muslimen gehalten wurde, daß ein Abt von Cluny, der auf dem Weg nach Rom war, dort gefangengenommen wurde; dann folgten Sizilien und vor allem die „Reconquista“ auf der Iberischen Halbinsel. All das hat schwerwiegende Konsequenzen, die noch auf dem Europa von heute und dem von morgen lasten.

Die erste Konsequenz ist die Trennung vom hellenisierten Osten. Die Trennung von Byzanz ist ab dem Schisma von 1054 endgültig, das übrigens, wenn ich so sagen darf, nur die politische und kulturelle Trennung bestätigt, die seit dem Ende des Römischen Reiches und sogar davor bestanden hat. Die zwei Teile des Reiches trieben etwa ab dem 3. Jahrhundert unaufhörlich auseinander, und man hat etwas sehr Wichtiges feststellen können: In der Antike stellen die Griechen den ersten Gegensatz auf, der nicht rein geographisch ist: Auf der einen Seite steht Europa und auf der anderen was? Asien. Das Europa, das sie Asien gegenüberstellen, besteht im wesentlichen aus Griechenland und der griechischen Zivilisation. Ein Nachklang der Perserkriege, die ein fundamentales Trauma für die griechische Welt darstellen und deren Echo über alle Zeiten unterschwellig im europäischen Bewußtsein weiter nachhallt. Im Mittelalter ist nun der von den Zeitgenossen verwendete, Europa bezeichnende neue Begriff der „Okzident".

Diesem Okzident gegenüber, der das Europa der Antike, wenn ich so sagen darf, ersetzt, wird das alte Asien von nun an „Orient" genannt. Griechenland ist auf die andere Seite der Grenze geraten, das Land, das in der Antike Europa symbolisierte, ist zum ersten Element des Orients geworden, den der Okzident mit Feindseligkeit und Mißtrauen beobachtet, und, das muß gesagt werden, diese Gefühle werden auf der Seite der Byzantiner erwidert. Die Trennung vom hellenisierten Osten ist nicht nur die Trennung vom byzantinischen Reich im engeren Sinn, es ist auch die Trennung von den Ländern, die von Byzanz bekehrt und damit dem griechischen

Christentum der Orthodoxie zugeführt worden sind: Rußland, der Balkan, Serbien, das bereits zu dieser Zeit einem Kroatien gegenübersteht, das von Rom bekehrt wurde und damit zum katholischen Okzident gehört, was Ereignisse erklärt, die wir heute vor Augen haben, und schließlich Bulgarien, das künftige Rumänien. Von Konzil zu Konzil, die eigentlich für die Vereinigung der Griechischen und Römischen Kirche im 13. Jahrhundert in Lyon, im 15. Jahrhundert in Florenz einberufen werden, vollzieht sich das Scheitern der Einigungsversuche der Kirchen, und die Eroberung Konstantinopels durch die Türken 1453 bringt eine neue Gegebenheit für die Beziehungen zwischen dem Europa der römischen Christenheit und dem Orient. Was jedoch zuvor geschehen ist, bleibt grundlegend und ist in den heutigen Konstellationen der Geschichte mit einigen späteren Veränderungen noch immer gegenwärtig.

Zweite Konsequenz: Diese Christenheit, dieses „Christenheit-Europa" erlebt einen solchen Aufschwung, vor allem einen demographischen Aufschwung, daß es sich expansionistischen Perspektiven öffnet. Die Bekundungen dieser Expansion sind bekannt. Natürlich sind es zunächst die Kreuzzüge. Ich will hier nicht von den Kreuzzügen erzählen. Sie waren Gegenstand großen Eifers in der mittelalterlichen Christenheit, was mich jedoch nicht hindert, entschieden bei meinem provokanten Urteil zu bleiben, das ich vor etwa 25 Jahren abgegeben habe, daß nämlich der einzige Nutzen, den die Kreuzzüge dem Europa der Christenheit gebracht haben, meiner Meinung nach die Einführung der Aprikose gewesen ist.

Der Aprikose stehen leider viele verhängnisvolle Folgen gegenüber, die noch immer andauern. Am Ende des traditionellen Mittelalters kündigen sich die Anfänge der europäischen expansionistischen Politik der großen Entdeckungen an. Auch hier müssen wir die Dinge mit den Augen des Historikers unserer Zeit betrachten, das heißt, den doppelten Sinn dessen, was geschehen ist, und zugleich seines Widerhalls in Betracht ziehen. Auf der einen Seite steht die Geburt Amerikas, also eines Teils der Menschheit, der eine sehr große Bedeutung erlangen wird, die Anfänge der Verwirklichung dessen, was Pierre Chaunu „die vollendete Welt" genannt hat, aber wir wissen heute – und ermessen es stärker –, wie hoch der Preis dafür war, vor allem der des Völkermords an den Indianern. Da das Thema, das zu behandeln ich mich heute bemühe, einen Sprung über die vom 16. Jahrhundert bis heute reichenden Epochen voraussetzt, begebe ich mich also in die gegenwärtige Situation an die Schwelle zum Europa von morgen, um festzustellen, daß das Europa von heute ein Europa ist, das sich trotz einiger Überreste im großen und ganzen des Kolonialismus entledigt hat, und ich sehe das als ein äußerst positives Element für die Bildung eines Europas von morgen an. Für das Morgen werde ich Ihnen vor allem einige Fragen vorlegen, die Ihnen gewiß auch schon eingefallen sind: Welche Ostgrenze hat Europa? Die traditionelle Antwort von de Gaulle „vom Atlantik bis zum Ural“ scheint mir die vernünftigste, aber es ist eine Antwort, die die Ost-West-Teilung übersehen will, die so gravierend gewesen ist. Die jüngste Teilung durch die Errichtung des Kommunismus in Osteuropa war nichts anderes – man muß das so sagen – als das Erbe der langen, wesentlich älteren Teilung zwischen römischem Christentum und griechischem Christentum, römischer Christenheit und Orient, und das läßt sich nicht an einem Tag auslöschen.

Wir müssen uns der Tatsache deutlich bewußt sein, daß die Geschichte der Teilung Europas den Problemen bei der Vereinigung Osteuropas mit Westeuropa eine wesentlich größere Bedeutung zukommen läßt, als man heute denkt.

Ich kann Ihnen versichern, daß meine europäischen Vorstellungen – ich werde die Gelegenheit haben, nochmals darauf zurückzukommen – die Länder Osteuropas voll und ganz umfassen, aber man muß die Dinge klar sehen, man muß die Probleme sehen, man muß die Hindernisse sehen. Ich glaube, wenn die Geschichte auch keine Lektion im eigentlichen Sinne erteilt, wenn sie nicht vorschreibt, was zu tun ist, wenn sie nicht prophezeit, was geschehen wird, so erlaubt sie doch trotz allem, die Probleme zu erhellen, sie klarer zu fassen, und ermöglicht dadurch die Hoffnung, sie leichter lösen zu können. Die unvollendete Befreiung Osteuropas erinnert uns daran, daß es kein Europa gibt ohne die Unabhängigkeit der Völker und daß überall Demokratie herrschen muß. Wir stehen einem Osteuropa gegenüber, das eine doppelte Bürde trägt: die Bürde einer jüngeren, in ihrer positiven Entwicklung noch nicht abgeschlossenen Geschichte – betrachten Sie die Schwierigkeiten von Ländern, die mir teuer sind, wie Polen oder Ungarn und die Tschechoslowakei, die unsichere Situation Rumäniens oder stärker noch die besorgniserregenden Unbekannten der Situation des sowjetischen Rußland – und die Bürde einer Vergangenheit, in der sich gemeinsame Elemente und eine lange Bewegung der Abtrennung vermischen.

Zweiter Komplex von Perspektiven und Fragen: Ist die europäische Einheit vor allem eine kulturelle und geistesgeschichtliche? In der Geschichte ja. Der große, 1960 viel zu früh verstorbene italienische Historiker Federico Chabod hat geschrieben: „Bei der Ausprägung der Idee von Europa und des Europa-Gefühls hatten kulturelle und moralische Faktoren eine absolute Vorrangstellung inne, wenn sie nicht sogar eine ausschließliche Rolle spielten." Was also hat in der mittelalterlichen Christenheit, der Vorform der Europäer, für eine Einheit gesorgt? Zunächst ist es das antike Erbe, und zwar ein antikes Erbe, das durch eine Folge von Renaissancen wiederbelebt wurde. Die mittelalterliche Geschichte ist, vom kulturellen Blickpunkt aus betrachtet, eine Folge von Renaissancen.

Die des 15./16. Jahrhunderts, die man die eigentliche Renaissance nennt, ist gleichzeitig unglücklich datiert (weil sie in Italien wesentlich früher beginnt), in Europa nicht allgemein verbreitet und sehr lang auseinandergezogen – aber sie hat existiert, ich werde sie nicht leugnen. Sie ist allerdings nur eine in einer ganzen Reihe von Renaissancen. Bei den mittelalterlichen Renaissancen handelte es sich bis vor kurzer Zeit im wesentlichen um zwei. Manche Mediävisten haben kürzlich eine weitere hinzugefügt, die sie auf das 10. Jahrhundert datieren. Ich glaube, sie haben recht, auch wenn sie die Tendenz haben, den Glanz dieser Renaissance zu übertreiben. Es bleiben die „Karolingische Renaissance" im 8. und 9. Jahrhundert und dann eine weitere Renaissance von sehr großer Bedeutung, die wichtigste in meinen Augen, die Renaissance des 12. Jahrhunderts. Ich werde kurz sagen, inwiefern sie meiner Ansicht nach eine ganz entscheidende darstellt. Wenn auch sie sich auf die Antike beruft, wenn sie Schriften wiederauffindet, wenn sie antike Vorstellungen und Themen wiederaufleben läßt, so schafft sie doch gleichzeitig neue Formen aus den antiken Vorstellungen. Sie schafft den Humanismus des 12. Jahrhunderts, den ersten historischen christlichen Humanismus, auf der Grundlage der antiken Schriftsteller, aber auch und zunächst der Bibel, der christlichen Vergangenheit. Zum einen schafft sie einen christlichen Humanismus, der ins Gedächtnis ruft, was mehr oder minder vergessen war: daß der Mensch nach dem Abbild Gottes geschaffen worden ist, was eine Neubewertung des Bildes des Menschen und seiner Stellung in der Welt mit sich bringt. Dieser Humanismus nimmt unter dem Einfluß von bisweilen sehr entgegengesetzten Denkern sehr unterschiedliche Formen an. Abaelard und der heilige Bernhard, die einander unablässig zerreißen, sind beide christliche Humanisten. Das andere große Ergebnis ist die Wiederentdeckung – ebenfalls in einer neuen christlichen Sicht – der Vorstellung von der Natur: jene christliche Vorstellung von der Natur, die verständlicherweise nicht anders in das Christentum eindringen konnte als durch ihre Christianisierung und ganz besonders durch die Klärung der Beziehung zu Gott und zur Schöpfung. Mit dem christlichen Humanismus und der christlichen Vorstellung von der Natur hat es im 12. Jahrhundert einen entscheidenden Augenblick der Renaissance gegeben, dem wir meiner Auffassung nach eine der wichtigsten Grundlagen der europäischen Kultur und des europäischen Geistes verdanken. Es ist der Augenblick, in dem in jenem Europa, das sich im Europa von morgen fortsetzen wird, die entscheidende Prägung durch die christlichen Werte erfolgt. Wir werden uns dessen mehr und mehr bewußt.

Da die Zeiten glücklicherweise die übersteigerten Gegensätze zwischen Christentum und Freidenkertum verwischen, sehen wir, daß die weltlichen Werte ihrerseits – in neuer Form und mit neuer Legitimierung – in den meisten Fällen eine Fortsetzung der christlichen Werte sind, eine grundlegende Schicht der sozialen und mentalen Strukturen Europas, die im Mittelalter ausgebildet wurde. Diese Christenheit hat sich etwa zwischen dem Jahr 1000 und dem 13. Jahrhundert nach dem Schema der drei Funktionen, dem indo-europäischen dreifunktionalen Schema ausgebildet, wie Georges Dumesnil sehr gut gezeigt hat. Um das Jahr 1000 wird dem christlichen Europa diese Struktur, die es ererbt hat und die es umgestaltet, bewußt. Den besten Ausdruck dafür finden wir in einem für Robert den Frommen, den König von Frankreich, um 1027 verfaßten Gedicht des Bischofs Adalbéron von Laon, in dem er erklärt, daß die Gesellschaft sich aus drei Arten von Menschen zusammensetzt, denen, die beten, denen, die kämpfen, denen, die arbeiten. Auf lateinisch: „Oratores, bellatores, laboratores". Die erste, die geheiligte Funktion, umfaßt ebenso die Justiz, die Macht, wie die Religion im engeren Sinne, die zweite ist die kriegerische, militärische Funktion, und die dritte, komplexe, kann als die wirtschaftliche Funktion bezeichnet werden. Diese grundlegende Dreiteiligkeit prägt noch viele soziale wie geistige Strukturen der europäischen Welt.

Aber gleichzeitig sind wir Zeugen eines Scheiterns, des Scheiterns der politischen Einheit, die die mittelalterliche Christenheit erträumt hat; sie gründete auf der Theorie der „zwei Schwerter", dem weltlichen und dem geistlichen, mit zwei Häuptern, Papst und Kaiser. Es ist ein so gründliches Scheitern, daß ich als Mediävist fast bereit bin, vom Mittelalter zu reden, ohne Papst und Kaiser zu erwähnen. Sie sind zu den Figuren eines Schattentheaters geworden, das die Menschen im Mittelalter in der Tat sehr bewegt und sehr begeistert, aber praktisch nichts hinterlassen hat: Ein Traum, ein schöner Traum, denn es ist der Traum von einer Einheit, die das Geistliche und das Weltliche trennt und vereint, die aber nicht mehr ist als einer der Leichname der europäischen Geschichte. Neben diesen Wörtern gibt es aber noch immer ein Europa, das aus dem Mittelalter stammt und das wirksame Vorbilder für unsere europäische Gesellschaft bereitstellt. Zunächst ideelle Vorbilder. Im mittelalterlichen Europa taucht die Vorstellung von einem neuen religiösen Menschen auf, den die Antike nicht kannte und den auch andere Gesellschaften kaum kennen: der Heilige.

Natürlich ist die Heiligkeit ein historisches Phänomen, und André Vauchez hat ein wunderbares Buch über die Entwicklung der Vorstellungen der Heiligkeit im Mittelalter geschrieben, aber es gibt ein Europa der Heiligen. Auf den Heiligen folgt der Ritter. Aus dem ritterlichen Geist gehen die ersten weltlichen christlichen Ideale hervor. Denn mit den Heiligen bleiben wir in Wahrheit in der Kirche, selbst heute sind die heiliggesprochenen Laien in der katholischen Kirche in der Minderzahl. Der ritterliche Geist liefert das erste weltliche christliche Ideal des Mittelalters, und ich würde fast sagen, das erste weltliche europäische Ideal, denn das griechische Ideal des „Kalos Kagathos", des schönen und guten Menschen, liegt sehr weit zurück. Die Höflichkeit, die aus dem ritterlichen Geist, dem höfischen Benehmen, hervorgegangen ist, einem Geist, der eine besondere soziale und politische Struktur erzeugt hat, ist, wie ich glaube, in Form eines Höflichkeitskodexes im Hintergrund unseres Bewußtseins und unserer Verhaltensweisen sehr wichtig geblieben. Im 13. Jahrhundert erfährt dieses Höflichkeitsideal eine kleine, aber bedeutende Änderung, für die der heilige Ludwig der beste Wortführer gewesen ist. Es ist die *Prud'homie*. Was ist der Unterschied zwischen *prud'homme* und Höfling? Der heilige Ludwig hat es erklärt. Der Höfling gründet sich wesentlich auf die Tapferkeit, aber der *prud'homme* verbindet Tapferkeit und Weisheit. Dieser Gegensatz ist in einem berühmten Vers des Rolandsliedes ausgedrückt: Roland ist tapfer, das heißt höfisch, Olivier aber ist weise. Es geht darum, sie in einer Person zu vereinen, und der heilige Ludwig, den man schwerlich religiöser Lauheit bezichtigen kann, stellt den *prud'homme*, der für ihn das große Ideal war (er sagte, daß das Wort selbst so schön sei, daß es den Mund mit Genuß fülle), dem Frömmler gegenüber.

Der Frömmler ist der Laie, der zuviel tut. Der Frömmler ist der Laie, der sich wie ein Kleriker aufführen will, was dem Status widerspricht, den Gott ihm auf Erden gegeben hat. Die Unterscheidung Kleriker/Laie hat in der europäischen Tradition eine wesentliche Bedcutung, und das christliche Mittelalter hat am Aufstieg der Laien gearbeitet. Wie Norbert Elias sehr gut gezeigt hat, gehen aus diesen sittlichen Idealen Handbücher für die kindliche Erziehung hervor, und man gelangt schließlich zu einem der größten Europäer, der ein Lehrbuch über die

„kindliche und rechtschaffene Höflichkeit“ geschrieben hat, das der Bestseller des 16. Jahrhunderts werden sollte. Es ist Erasmus von Rotterdam, dessen Lehrbuch *De civilitate morum puerilium* sehr viel häufiger gedruckt worden ist als sein *Lob der Torheit* oder seine anderen philosophischen Werke.

Aus diesen Idealen werden weiterhin – in der von mir für so wichtig erachteten Geschichte der Kontinuität – in den späteren Epochen auch noch der *honnête homme*, der „Mensch der Aufklärung“ und schließlich der „Bürger“ hervorgehen. Ich glaube, daß es vom *honnête homme* zum Bürger eine starke Kontinuität gibt – trotz der Französischen Revolution. Man sollte auch die unter den christlichen Prägungen ganz wesentliche erwähnen, welche die seit Beginn des 13. Jahrhunderts aus dem Aufschwung der Christenheit entstandene neue Gesellschaft darstellte, jene Schöpfung, die eine fundamental neue Schicht in Europa geschaffen hat.

Im Mittelalter vollzieht sich etwas für Europa Wesentliches, und zwar der Übergang von einer am Anfang sehr stark ländlich geprägten Gesellschaft zu einer städtischen Gesellschaft mit einer städtischen Kultur, aus der Begriffe wie Urbanität oder der französische Begriff *politesse* für Höflichkeit hervorgehen, die ihrerseits auf die Antike zurückweisen: auf die Begriffe *urbs* (römisch) und *polis* (griechisch). Wenn auch nicht nur die europäische Zivilisation eine städtische Höflichkeit geschaffen hat, die der unseren auf anderen Grundlagen vielleicht überlegen war, und wenn ich auch nicht den ein wenig verächtlichen Blick der Antike und des Mittelalters auf die Bauern habe, die in ihren Augen „Wilde“ waren, so glaube ich doch, daß die Urbanität Europa sehr viel gebracht hat und daß man eine neue Höflichkeit erfinden muß, und ich glaube, daß sie in den Städten neu geschaffen werden muß. In einer Zeit, in der wir die europäische Stadt verzerrt, aus der Fassung geraten, angegriffen und aggressiv erleben, wünsche ich mir – und gebe die Hoffnung darauf nicht auf –, daß in den Städten eine neue Höflichkeit entsteht.

Wie viele Europas sind morgen hinsichtlich dieser europäischen Einheit also zu vereinen: Osteuropa und Westeuropa, Nordeuropa und Südeuropa, das arme Südeuropa, das auch das Europa der Ehre ist, eines sehr wichtigen Gefühls, das aber leicht außer Kontrolle gerät, denn wenn man von der Ehre spricht und nicht aufpaßt, findet man sich rasch bei der Mafia wieder.

Gibt es ein drittes Europa? Vor einigen Jahren hat ein großer ungarischer Historiker, Szüzs, bevor er Selbstmord beging, einen sehr schönen Essay zugunsten eines dritten Europas geschrieben, des Europas von „Mittel-Europa“, das gewissermaßen vom Habsburgerreich vorweggenommen worden sei. Ich glaube nicht allzu sehr daran – das sage ich ganz offen. Ich habe in Prag gearbeitet, meine Frau ist Polin, ich kenne diese Welt ein wenig – ich sehe sie nicht als drittes Europa; ich glaube, sie ist europäisch mit ein paar Besonderheiten, aber sie bildet kein drittes Europa. Ich bin übrigens auch überzeugt, daß das österreichisch-ungarische Reich, von dem jetzt mit Tränen in der Stimme gesprochen wird, ein Mythos ist. Es war ein sehr hartes, zusammengewürfeltes Reich, mit militaristischen Herrschern und militärisch Beherrschten, dem man nicht nachtrauern muß. Heute sehen wir in diesem Europa auf der Suche nach sich selbst zwischen Polen, Ungarn und der Tschechoslowakei Bemühungen um Verständigung. Ich glaube nicht, daß es da viel Zukunft gibt. Ein föderiertes oder ein konföderiertes Europa, ein integriertes Europa oder ein Europa der Nationen, der Vaterländer – wir gelangen hier auf die Suche nach Lösungen, die nicht allein von der Geschichte abhängen. Die Geschichte hält Argumente für jede dieser Lösungen bereit. Ich werde mich nicht auf dieses Feld begeben, es ist das der Politik. Ich glaube jedoch, daß es stimmt, daß Europa in der Vergangenheit, vor allem im Mittelalter, zunächst ein Europa der Kultur, der Ideologie, der Sitten, der Werte war. Das Europa, das wir heute sich ausprägen sehen, hat begonnen, ein wirtschaftliches Europa zu sein, mit den Schwierigkeiten, die wir kennen – vor allem dem sehr schwierigen agrarischen Europa. Was diesen Punkt angeht, so wären die europäischen Beamten gut beraten, sich ein bißchen mit der Geschichte des europäischen Bauerntums zu beschäftigen. Sie lehrt einen vieles. Die Finanzgeschichte Europas muß man angesichts dieses anderen Europa, des Währungseuropa, das noch schwerer zu verwirklichen ist, auch kennen. Schließlich aber scheinen wir dabei zu sein, in eine politische Phase überzugehen, und das ist gut so.

Aber seltsamerweise hinkt die Phase des kulturellen Aufbaus hinterher, wo doch das historisch reale Europa das der Kultur war. 1985 habe ich in Madrid an einem großen Kongreß zur europäischen Kultur teilgenommen, bei dem mich folgendes überrascht hat: Die Kongreßteilnehmer, die am besten von Europa gesprochen haben, über das, was es war, über das, was es mit all seinen Problemen ist, und über das, was es sein soll, waren Leute aus dem Osten, aus Osteuropa. Denn bei ihnen war Europa ein Europa der Nostalgie und der Wünsche, das sie mit geschärftem Bewußtsein, mit größerer Klarsicht und Sensibilität sahen. Es war außerordentlich überraschend, außerordentlich bewegend, und wenn wir angesichts all dieser Schwierigkeiten – einschließlich der Schwierigkeiten auf kultureller Ebene, auf der Ebene der Gedankenwelt und der Vorstellungen, auf denen das gemeinsame Erbe vor allem im 19. und 20. Jahrhundert die verschiedensten Formen angenommen hat – vorsichtig sein sollen, dann sollten wir uns doch nicht dafür engagieren, ohne auch die Osteuropäer dabei zu haben und mit ihnen zu diskutieren. In Frankreich gibt es – mit Ausgaben in mehreren Sprachen – eine Zeitschrift *La lettre internationale*, die von Intellektuellen gemacht wird, von denen die meisten in den letzten Jahren ins Exil gehen mußten, und dies, es gibt mehr Beispiele, finde ich von äußerst großer Bedeutung. Ich wünsche also gewiß ein Europa der

Kultur, vor allem aber meine ich ein Europa der Werte. Denn die Werte sind etwas Stabilisierendes, sie sind das, was uns voranbringt, indem sie gleichzeitig das Erworbene sichern. Die Mentalitäten, die in der historischen Forschung bisweilen unterschiedslos eine sehr große Bedeutung gewonnen haben, stellen neben anderem auch eine Art geistiger Automatismen dar, deren Vorhandensein für die Vereinigung einer Gesellschaft wie der europäischen, die als Erbe vieles gemein hat, aber auch viele Unterschiede aufweist, sehr wichtig ist. Allerdings verändern sich Mentalitäten langsam und verursachen viel Trägheit.

Das folgende Thema werde ich schneller abhandeln, nicht weil es ein weniger angenehmes ist (um Europa gut zu bauen, muß man den unangenehmen Aspekten, den nationalistischen Zusammenstößen und Kriegen ins Auge sehen), sondern weil ich mir bei meinem dritten Punkt, dem Europa des Ausgrenzens, Beschränkungen auferlegen muß.

Wir dürfen uns nicht verhehlen, daß sich dieses Europa, das es so gut verstanden hat, Menschen aus geographisch, ethnisch und kulturell verschiedenen Kreisen zu integrieren, in dem Maße, wie es Sicherheit errang, in dem Maße, wie es reicher und mächtiger wurde, daran gemacht hat, sich auf sich selbst zu konzentrieren und zu verschließen. Zum anderen hat es versucht, alles aus seinem Schoß zu entfernen, was ihm gefährlich schien, was ihm anders zu sein schien. Ich beziehe mich in diesem Fall auf ein kürzlich erschienenes Buch eines englischen Historikers, R. I. Moore, *The Birth of a Persecuting Society*, der zeigt, daß die Kehrseite der Ausprägung der Werte der Christenheit im 12. und 13. Jahrhundert, und in gewisser Weise die Kehrseite des Humanismus, von dem ich gerade gesprochen habe, die Schaffung eines regelrechten ideologischen Systems gewesen ist, das zu Praktiken der Ausgrenzung geführt hat. Von nun an hatte man den „guten Christen" geschaffen, wenn ich so sagen kann, den „guten" Europäer. Es gab einen Typus des guten Christen, und der Rest war Bedrohung. Diese gefährliche Kategorisierung wurde zunächst auf die Häretiker angewandt; sie waren in der „richtigen" Religion erzogen und ausgebildet worden, und indem sie sie ablehnten, waren sie ganz besonders abscheuliche Aufständische, sie waren Verräter. Dann gab es die Juden, deren Situation kompliziert war. Vor kurzem ist ein sehr interessantes, sehr detailliertes, sehr solide dokumentiertes und sehr differenziertes Buch meines Kollegen und Freundes Gilbert Dahan über die christlichen Gelehrten und die Juden im Mittelalter erschienen. Es zeigt das zwischen Anziehung und Haß schwankende Verhältnis, das während des gesamten Mittelalters zwischen den christlichen Gelehrten und den jüdischen Gemeinden bestanden hat. Also eine komplexe, differenzierte Geschichte, die weder ganz schwarz noch ganz weiß ist, die aber dennoch in eine Richtung geht, und diese Richtung ist die der Ausgrenzung. Damals erfolgte – wie in einer Art Gesellschaftsphysik – das Spiel des Zauderns zwischen Aussto-ßen und Einschließen. Denn gegenüber den Verfolgten sind das die beiden Möglichkeiten, zwischen denen das „Europa der Christenheit" am Ende des Mittelalters hin und her schwankt.

Der Häretiker erfährt als die stärkste Ausgrenzung den Scheiterhaufen, doch nicht alle Häretiker sind auf den Scheiterhaufen gekommen. Es hat manchmal auch die andere Lösung gegeben, die Einmauerung. Gegenüber den Juden kam es, das ist sicher, zu einer trotz allem konstanten Verschlechterung. Ich glaube, daß man wissenschaftlich aufrichtig im mittelalterlichen Okzident nicht von Antisemitismus sprechen kann. Es handelt sich um Anti-Judentum, aber vom Anti-Judentum zum Antisemitismus ist der Schritt häufig nur sehr klein. Er wurde erst im 19. Jahrhundert wirklich vollzogen, weil es dazu der pseudowissenschaftlichen rassistischen Theorien bedurfte. Im Mittelalter gibt es eine Art latenten Antisemitismus, dessen Name nicht genannt wird, weil es kein Wort dafür gibt. Aus der Distanz betrachtet war das Mittelalter aber eine Epoche, die den Antisemitismus vorbereitet hat.

Es gibt auch die Aussätzigen, Opfer der mittelalterlichen Vorstellung von der Krankheit und ganz besonders der Krankheit, die sich in Form körperlicher, physischer Anzeichen zeigt, Zeichen des Bösen, der Sünde. Die Menschen des Mittelalters waren sich sehr wohl bewußt, daß die Aussätzigen im großen und ganzen keine größeren Sünder waren als die anderen. Aber sie glaubten, daß sie ausgewählt worden seien, um den körperlichen Ausdruck des Bösen darzustellen; sie waren von ihren Eltern durch Übertretung der kirchlichen Verbote, an bestimmten Tagen des religiösen Kalenders Geschlechtsverkehr zu haben, gezeugt worden, und die Lösung für sie war das Einschließen, die Krankenstation, das Gefängnis des Hospitals. Für die Homosexuellen hat der amerikanische Historiker Boswell kürzlich in einem interessanten, teilweise auch anfechtbaren Buch gezeigt, daß ihr Fall zum Teil dem der Juden ähnelt. Die Menschen des Mittelalters wandten teilweise die gleiche Art der Analyse auf sie an. Ihnen gegenüber bestand eine recht große Nachsicht, so wie gegenüber den Juden im frühen Mittelalter. Boswell geht, was ich allerdings übertrieben finde, so weit, von einer christlichen Homosexuellenkultur im 12. Jahrhundert zu sprechen. Nur weil ein oder zwei Bischöfe und Dichter wie Hildebert de Lavardi, der Bischof von Le Mans, Gedichte geschrieben haben, die junge Männer verherrlichen, kann man nicht so weit gehen. Aber es gibt am Ende des 12. und im 13. Jahrhundert eine unübersehbar wachsende Verfolgung der Homosexuellen.

Es scheint, als ob dieser Verhaltenswechsel mit der immer größeren Aufmerksamkeit der Menschen des Mittelalters für den Körper einherginge, den Körper als Zeichen und Ort, als Bedeutungsträger. Darüber hinaus verwandelt die Entstehung einer christlichen Vorstellung von der Natur, die gleichzeitig zur Grundlage einer Ethik wird – wie sie es übrigens in der Antike war –, Homosexualität, die nun im Gegensatz zu früher als widernatürliche Sünde aufgefaßt wird. Im 13. Jahrhundert kommt es auch zu einem enormen ideologischen Aufblühen der Vorstellung vom Blut. Das Blut wird zum Kennzeichen des Adligen. Adlige sind Menschen, die von adligem Blut sind. Von da ausgehend liefert eine ganze Ideologie, eine ganze Ethik, ich würde sogar fast sagen eine Theologie des Reinen und des Unreinen, die Grundlage für alle Zurückweisungen. Übrigens wird der Körper des Häretikers ebenso wie der Körper des Juden nun in den Texten sehr ausdrücklich in Frage gestellt, und auf diese Weise prägt sich das aus, was ich schlechte Angewohnheiten nennen würde. Vor allem eine dieser Angewohnheiten ist zu einer Sünde des Okzidents geworden, die sich mit den pseudowissenschaftlichen Theorien des 19. Jahrhunderts, darunter die rassistischen Theorien, verstärkt hat: die pervertierte Nutzung der Biologie und der Physiologie, die Angst vor den „Aussätzigen". Unsere Aids-Gesellschaft lebt traurigerweise mit diesem Erbe.

Das Europa von morgen? Nach dem, was wir sich bilden sehen, müssen wir hoffen, daß es das Europa des Rechts und der Menschenrechte sein wird, daß es ein Raum der Toleranz sein wird, der gegen die rassistischen Triebe stärkt, die heute durch die große Zahl von Einwanderern, vor allem Einwanderern aus der Dritten Welt, sowie einen gewissen religiösen Integrismus leider neue Nahrung gefunden haben. Ich will nicht leugnen, daß es Probleme gibt, es ist hier nicht der Ort für mich, das zu erörtern und Stellung zu beziehen, außer daß ich trotz allem all das sehr entschieden verurteile, was ich für Perversionen aus der Geschichte, vor allem aus dem Mittelalter halte, deren Entwicklung oder einfach dessen weiteres Zulassen Europa unterhöhlen würde. Europa wird ein Europa der Werte sein, oder es wird nichts sein. Es wird ein vereintes, aber offenes Europa sein, ein Europa, in dem wir uns vereinen müssen, aber uns nicht einschließen dürfen. Seien wir uns bewußt, daß die Welt nicht nur aus Europäern besteht. Seien wir in der Lage, die anderen zu beobachten und Austausch mit den anderen zu haben. Ich sehe Keime der Hoffnung.

Vierter Punkt: Ein schöpferisches Europa. Ein schöpferisches Europa, denn Europa wird nicht bestehen, wenn es stagniert oder verfällt; hier erteilt uns das Mittelalter zwar keine Lektion, aber gibt uns doch immerhin ein Beispiel. So sehr ich bereit bin, bestimmte Verirrungen des Mittelalters zu verurteilen – auch wenn man vorsichtig damit sein muß, vom wissenschaftlichen Untersuchen in eine Art moralisches Urteilen zu wechseln, aber das Thema des künftigen Europa zwingt zu diesem Wechsel –, so sehr glaube ich, daß ein großer schöpferischer Elan dem Mittelalter nicht abzusprechen ist. Beim Wechsel zu einer Bewertung des Erbes darf man jedoch die Quellen nicht aus dem Auge verlieren und muß kritischen Sachverstand walten lassen. Wenn man heute noch weiter Verachtung über das Mittelalter ausdrückt, wenn man auf der Straße, in den Medien, aus dem Mund von Politikern die noch geläufige Redewendung „Wir leben doch nicht mehr im Mittelalter“ im Sinne von „Wir leben nicht mehr im Stadium der Barbarei“ hört, dann bin ich nicht sehr glücklich, weil es nicht stimmt. Vor allem war die mittelalterliche Zivilisation wunderbar schöpferisch. Gewiß war das mittelalterliche Europa ein anfälliges Europa, das lange Zeit auf einer Subsistenzwirtschaft gründete, für die Hungersnöte ein ständiges Menetekel darstellten, mit physischer und symbolischer Präsenz des gefürchteten Waldes, mit einer sehr schwachen oder unzulänglichen Ausstattung an Werkzeugen, mit einem besorgniserregenden Mangel an Vorräten und – auf kultureller Ebene – einer hohen Analphabetenzahl. Auf der Ebene der Intellektuellen hatte der Mensch des Mittelalters, selbst der intellektuell am besten ausgestattete, der gelehrte Kleriker, kein Vertrauen in seine eigenen Kräfte, er wollte sich im wesentlichen auf Autoritäten stützen: die Bibel, die Kirchenväter, einige griechische Philosophen, deren Werke der Zerstörung entgangen waren, und er wollte sich daran festhalten. Nach und nach schritt dann die Exegese der Bibel und der Kirchenväter fort, und mit der Renaissance des 12. Jahrhunderts und der Scholastik des 13. wurde auch intellektueller Wagemut sichtbar.

Nach und nach zeigt sich eine zutiefst schöpferische Epoche, die erlebt hat, was zu Recht eine Agrarrevolution genannt wird, eine Handelsrevolution, die Anfänge des Maschinenwesens mit der Mühle, dem Webstuhl, der Nockenwelle, der mechanischen Uhr, dem Aufschwung der Städte, der Entwicklung der Schulen, der Geburt der Universitäten, die in unserem Europa den Beginn eines vollständig neuen Systems sozialen Aufstiegs darstellten, des Aufstiegs durch ein Zeugnis, des Aufstiegs durch Studien. Natürlich mache ich mir keine Illusionen, ich weiß sehr wohl, daß die überwiegende Mehrheit der Studenten des Mittelalters Söhne adliger oder bürgerlicher Familien waren; immerhin gab es aber Stipendien, und Robert de Sorbon etwa, der zum Domherr aufstieg und ausreichend Geld zusammentragen konnte, um das Collège de Sorbon, die spätere Sorbonne, zu gründen, war ein Bauernsohn. Der Seneschall der Champagne, Jean de Joinville, hat es ihm in Anwesenheit des heiligen Ludwig ausgiebig vorgeworfen.

Die Universitäten haben viele Dinge verändert, geformt, hervorgebracht, einschließlich kleiner Dinge, die erst später an Bedeutung gewannen, zum Beispiel die Ferien, etwas, was es nicht gab und was es in anderen Zivilisationen wie der japanischen bislang kaum gibt. Die Ferien sind inzwischen außerordentlich wichtig für den Arbeitsrhythmus einer Gesellschaft, das geht weit über die kleine Vergnügung des Ausruhens bei den Gebildeten hinaus. Es hat, auf allgemeinerer Ebene, um die Wende vom 12. zum 13. Jahrhundert etwas gegeben, was ich „den Abstieg der himmlischen Werte auf die Erde" nenne. Ich will damit nicht sagen, daß die Männer und Frauen der Christenheit aufgehört haben, gläubig zu sein, ich würde fast sagen: im Gegenteil. Aber sie sind mehr und mehr der Meinung – und Menschen wie ein Großteil der Brüder der Bettelorden bestärken sie darin –, daß die Werte, die noch immer grundlegend im Himmel, bei Gott verankert sind, sich zu verwirklichen beginnen und auf Erden wirksam werden. Eines der bemerkenswertesten Beispiele ist die Einstellung zur Arbeit. Wir gehen von einer weitgehend negativen Einstellung aus, nach der die Arbeit eine Strafe ist, die Adam und Eva nach dem Sündenfall auferlegt wurde, sie ist eine Bestrafung, eine Buße; in dieser Hinsicht hat unser Verständnis etwas Befreiendes, trotzdem ist es ein pessimistisches und negatives Urteil über die Arbeit. Dann erlebt man nach und nach, durch eine ganze Reihe von verschiedenen Einflüssen, eine Aufwertung des Begriffes und der Tätigkeit der Arbeit. Ganz besonders beginnt die Vorstellung sich zu entfalten, daß der Mensch, der ja gerade nach dem Abbild Gottes geschaffen wurde, schließlich auch auf die Erde gesetzt wurde, um an der Schöpfung und dem Werk des Schöpfers teilzunehmen; natürlich in sehr bescheidenem Maß, mit vielen Fehlern, mit großer Unsicherheit, aber: Durch seine Arbeit wird er zu einer Art Teilhaber an der Entwicklung der Schöpfung. Die Stellung, die der Arbeit eingeräumt wird, ist in einer Zivilisation etwas ganz Grundlegendes, und wenn Europa sich als Gesellschaft und Zivilisation vollständig entfalten will, muß es bei der Aufwertung der Arbeit, die sich im Mittelalter abgezeichnet hat, voranschreiten.

Und das schöpferische Europa von morgen? Ich bedaure, daß der Untergang der Kultur bei einem Teil der französischen Intellektuellen ein so modisches Thema ist – und bin darüber sehr empört. Ich glaube das nicht, und angenommen, es gäbe einen Niedergang, so müßte man das Feuer wieder entfachen und dürfte sich nicht im bitteren ständigen Wiederkäuen des Themas Dekadenz gefallen. Dieses mürrische Reden von der Vorstellung vom Untergang des Abendlandes, die von Spengler und anderen Geistern dieser Art stammt, entspricht weder der Wirklichkeit noch dem, was notwendig wäre. Im Mittelalter hat man lange Zeit gesagt: „Mundus senescit" („Die Welt altert"), und das hieß nicht, daß sie durch das Altern besser würde, denn eine Gesellschaft, die altert, verbessert sich nicht wie Wein ... Eine damals nicht allgemein verbreitete, aber geäußerte Vorstellung war, daß die Menschen kleiner würden: Einige Gelehrte waren überzeugt, die Menschen würden kleiner, da man in das sechste und damit letzte Alter eingetreten sei. Das hat die allermeisten nicht daran gehindert zu arbeiten, hart zu arbeiten und sich der Schöpfung zu widmen, von der ich gerade gesprochen habe. Wenn man sagt, Europa sei im Verhältnis zu den Vereinigten Staaten und Japan im Niedergang, dann stört mich das, zunächst, weil es bedeutet, daß man der Wirtschaftskraft und der Militärmacht, der Finanzkraft wie der technischen und materiellen Macht einen besonderen Wert beimißt. Nun braucht eine Gesellschaft zweifellos eine solide materielle Grundlage, aber sie braucht vor allem Werte, und diese wirtschaftlich wie kulturell solide Grundlage können wir genau dadurch sicherstellen, daß wir uns vereinen. Es heißt auch, in Frankreich – und das kann auch für Europa gelten – „gibt es kein Erdöl, aber es gibt Ideen". Zweifellos wäre es noch besser, sowohl Erdöl als auch Ideen zu haben. Die Europäer verfügen, wie man so nett sagt, über „graue Zellen"; wir sind der Kontinent, der reich ist an grauen Zellen, die die Vereinigten Staaten sich unbedingt mit Hilfe des *Brainstormings* aneignen wollen. Ich befürchte, daß dahinter eine materialistische Vorstellung steht, nach der die grauen Zellen eine Art Rohstofflager bilden, das dem Europäer, wenn nicht durch göttlichen Erlaß, so doch zumindest durch Erbe zur Verfügung stünde und das für ihn ausreichend wäre, den „kleinen Garten seiner grauen Zellen" zu bestellen.

Wenn wir auch ein bedeutendes Erbe besitzen, so muß man dieses Erbe doch fruchtbar machen. Man muß arbeiten, kein lächerliches Erziehungssystem schaffen, unseren Verstand arbeiten lassen, aber nicht ihn allein.

Um schließlich mit meinem fünften und letzten Punkt zu enden, mit dem, was ich ein *besessenes Europa* nennen würde, dessen mich ganz besonders interessierende Erforschung in den Bereich der Geschichte des Imaginären, der Vorstellungen fällt. Die materiellen oder geistigen Bilder sind Informationen für das kollektive Gedächtnis der Gesellschaften und stellen Träume, Wertvorstellungen, Vorbilder, Hoffnungen, Fluchtmöglichkeiten dar, aber auch Anreize, die bei der Bildung eines gemeinsamen europäischen Bewußtseins eine große Rolle spielen. Dem christlichen Mittelalter entstammen die ersten Legenden, die biblische und christliche Vorstellungswelt, die Vorstellungswelt von der Monarchie, die Bilder von Karl dem Großen und Artus, die Vorstellungen des Orients und des Jenseits. All das ist ein wesentlicher Teil des Lebens und der Geschichte der Gesellschaften, und es muß Gegenstand einer aufmerksamen Untersuchung durch den Historiker sein. Die Vorstellungswelt wird von der Literatur und der Kunst genährt: ein Grund mehr, sich dafür zu interessieren. Es verpflichtet den Historiker, die Bilder anzusehen, die Kunstwerke zu betrachten, die literarischen Werke zu lesen und zu versuchen, mit Literaturhistorikern und Kunsthistorikern einen Dialog zu führen, die sich meistens gar nicht kennen, kaum miteinander in Berührung kommen, nichts voneinander wissen, wenn sie füreinander nicht sogar Geringschätzung hegen. Dabei ist doch die gesamte Welt der Vorstellungen das Ergebnis der Geschichte, einer wichtigen, tiefgehenden Geschichte, die von der Ebene des ästhetischen Werts der Meisterwerke bis zum Brodeln der äußeren oder geistigen Bilder in den Tiefen reicht, und damit ein Erbe von größter Bedeutung darstellt. Das Europa der Vorstellungen steht im Zentrum des zu errichtenden Europa. In einer Gesellschaft nimmt diese Vorstellungswelt jedoch häufig die Gestalt von

Obsessionen an. Ich werde hier keine Liste mit den Obsessionen oder Fixierungen des Mittelalters aufstellen. Wenn man Mediävisten versammeln und sie fragen würde: „Welches sind für Sie die Obsessionen des Mittelalters?“, so fürchte ich, daß die Listen sehr unterschiedlich wären. Aber einige Fixierungen, die bis heute fortleben, scheinen mir offenkundig: die Obsession der Sünde mit der Fixierung auf die fleischlichen Sünden (im Mittelalter wird der Sündenfall zu etwas, das im Alten Testament nicht existiert, zu einer sexuellen Sünde), die Obsessionen des Jenseits, von denen ich eine Ausformung zu zeigen versucht habe, die Geburt des Fegefeuers.

Ein ganzer Teil dieser Vorstellungswelt ist beherrschbar. Wir dürfen uns nicht von einem extreme Schuldgefühle erzeugenden Trauma der Sünde überwältigen lassen, und wir müssen, wenn wir Gläubige sind, ein weniger lähmendes Bewußtsein von der Sünde zu gewinnen suchen, als es im Mittelalter bestanden hat. Wenn wir auf der Basis dessen leben, was das Mittelalter aus der fleischlichen Sünde gemacht hat, dann werden wir unsere Kräfte in obskuren, schwierigen Kämpfen verschleißen, die die Menschen ohne jeden Gewinn zerstören, vor allem die jungen Menschen – die wir sogar von dem abbringen, was wichtig ist, nämlich vor allem, dieses Europa zu bauen. Es ist meiner Meinung nach immer noch richtig, das Jenseits zu denken, und manche Theologen des Zweiten Vatikanischen Konzils haben das Fegefeuer nicht ernst genug genommen, das Jenseits des Maßhaltens, der Toleranz und der

Reinigung. Eine weitere Obsession war die des Traumes: Die mittelalterliche Gesellschaft war besessen vom Traum, dessen Deutung von der Kirche lange Zeit untersagt war; es gibt von der Bibellektüre bis Freud eine große europäische Tradition des Interesses für den Traum, die man fortzusetzen verstehen muß. Europa ist auch eine Zivilisation, die besessen ist von der Rede und dem Bild – von der Predigt und dem mittelalterlichen Fresko bis zu den audiovisuellen Medien von heute unter völlig anderen Bedingungen. Europa war besessen vom Hunger, vom *Roman de Renart* bis zu Brecht, dem Epos des Hungers. Ich glaube, was in Hinsicht auf das Geld in der Vorstellungswelt der Menschen des Mittelalters geschah, ist ebenfalls wesentlich und noch immer wirksam. Es besteht zugleich eine Anziehung, ein Hinnehmen, ein Wille, die Verwendung des Geldes zu rechtfertigen, keine Angst davor zu haben, aber auch ein Unbehagen und sogar eine Angst vor dem Geld. Wenn man nicht aufpaßt, führt das Geld zur Sünde. In seiner Regel sagt Franz von Assisi zu seinen Brüdern, man solle die Geldstücke wie Steine betrachten. Dennoch sind es die Dominikaner und die Franziskaner, die vom 13. bis zum 14. Jahrhundert die moralische Bewertung des Geldes geschaffen haben. Aber es gibt immer die Suche, die auch heute noch existiert, und Max Weber, dieser bedeutende Geist, hat in seinem großen Buch *Die protestantische Ethik und der Geist des Kapitalismus* nicht recht gehabt, aus der ethischen Besorgnis über das Geld einen Charakterzug des Protestantismus zu machen. Es handelt sich hier, wie ich glaube, um einen Charakterzug des vom Christentum geprägten europäischen Geistes, während die Amerikaner sich in der großen Mehrheit von dieser Sorge befreit, das Problem hinter sich gelassen haben.

Das Bild des Orients ist ebenfalls eine sehr interessante Fixierung des Mittelalters, und wenn der Orient des Erdöls von heute auch eine Obsession ganz anderen Inhalts ist, so steht diese doch in einer Linie mit der mittelalterlichen Fixierung. Im Mittelalter entsteht sie aus einem Bild, das ebenfalls widersprüchlich ist. Der Orient ist der große Vorrat an Wundern und Träumen; er ist eine große traumhafte Aussicht, umso mehr, als Indien vom heiligen Thomas christianisiert worden sein soll, folglich trägt es auch das Christentum in sich; zugleich ist der Orient jedoch auch der Ort aller Gefahren, aller Bedrohungen: Epidemien kommen von dort, Ungeheuer kommen von dort, und wenn es auch ganz am Ende, im äußersten Orient, hinter Indien, ein irdisches Paradies gibt (denn dort vermutet man es), so gibt es doch ganz sicher hinter den Mauern die Völker der Apokalypse, die Völker von Gog und Magog, und ein Tag wird kommen, an dem sie den Antichrist herbeibringen, die Mauern niederreißen und den Okzident und Europa erstürmen.

Regelrechte Obsessionen sind auch aus dem Durst nach Gerechtigkeit entstanden. Eine der Stärken der Könige von Frankreich, der Kapetinger, war es, die Faszination des Symbols in der mittelalterlichen Gesellschaft richtig anerkannt zu haben. Sie waren fähig, die Obsessionen ihrer Untertanen zu verstehen. Sie waren die ersten, fast die einzigen, die in ihren Attributen der Macht die Hand der Justitia erscheinen ließen. Die Obsession des Friedens taucht in der Mitte des 13. Jahrhunderts auf. Auch diese Obsession könnte man in einer langen Rede den heutigen Verhältnissen anpassen, verbunden mit einer Betrachtung über die Art und Weise, wie der Begriff des „gerechten Krieges" geprägt wurde.

Wenn das Mittelalter sich auch in weitem Umfang den verschiedenartigsten Formen der Gewalt und vor allem der Kriegsgewalt hingegeben hat (alle Gesellschaften, alle Epochen haben ihre Widersprüche), so hat es doch versucht, den Krieg zu begrenzen, ihm Regeln zu geben – das war eine der großen Anstrengungen der Kirche im Mittelalter – und, gerade mit der Vorstellung des „gerechten Krieges", einen Begriff zu schaffen, der uns heute nicht mehr angemessen erscheint, weil es ein grundlegend religiöser Begriff war. Es ging darum, die Kriege zwischen Christen so weit wie möglich zu verhindern und den Kampfgeist gegen die Ungläubigen und Heiden zu richten.

Was wird nun morgen aus all den Obsessionen, deren Folgeerscheinungen wir sehen, das freudianische Europa, das Europa der religiösen Erneuerung, das Europa der Science-fiction, des Phantastischen, des Schreckens und der Angst? Das audiovisuelle Europa erinnert an das, was in einer bestimmten Weise im Mittelalter geschah. Neben den Bildern war *das* große Medium des Mittelalters, das Pendant zu Radio und Fernsehen, die Predigt. Die Predigt hörten alle, auch wenn man den heiligen Ludwig im 13. Jahrhundert wütend darüber erlebt, daß die Männer während einer Predigt in die Schenke gegenüber der Kirche gegangen sind. In anderen Bereichen kann man in einer bestimmten Kontinuität eine bedeutende Änderung feststellen. Eine Obsession im Mittelalter waren die Freiheiten. „Freiheiten" bedeuteten Privilegien. Heute – für uns und das Europa von heute und von morgen ist das natürlich fundamental – hat der Singular den Plural ersetzt, die Freiheit stellt nun die berechtigte Obsession dar.

Zwei kurze Zusammenfassungen: Einer der großen Fortschritte des Mittelalters, eine Errungenschaft des Geistes, die andere materielle und geistige Errungenschaften ermöglichte, war die Verbreitung der Vernunft. Nicht einer begrenzten und verknöcherten Vernunft, zu der sie in anderen Epochen werden konnte, sondern einer leuchtenden und erhellenden Vernunft, die einem konstruktiven, kritischen Geist entsprang, jenem kritischen Geist, bei dem man nicht vergessen darf, daß er eines der charakteristischen Merkmale, eines der wesentlichen Attribute des europäischen Genies ist, vor allem in einem seiner großen Beiträge zur Geschichte der Menschheit, dem wissenschaftlichen Geist, der die historische Forschung und den kritischen Umgang mit Quellen einschließt.

Unsere Medien täten gut daran, die Erfordernisse des kritischen Umgangs mit Zeugnissen nicht zu vergessen, anstatt uns mit gewalttätigen, wenn nicht sogar manipulierten Bildern zu erschlagen.

Die Verbreitung der Vernunft im Mittelalter: Das war zunächst ein Christentum, das „die Intelligenz des Glaubens suchte“, wie der schöne Ausdruck des heiligen Anselm zu Beginn des 12. Jahrhunderts lautete: „Fides quaerens intellectum“. Das war auch der Wille, Regeln der Kohärenz, der Kontrolle im Denken und politischen Handeln einzuführen. Zur gleichen Zeit, als sich die Scholastik entwickelt, die eines Thomas von Aquin, eines Albertus Magnus, eines Bonaventura, ein intellektueller Fortschritt, der für alle von Wert ist, hat sich in den beiden großen Jahrhunderten des mittelalterlichen Europa, dem 12. und dem 13. Jahrhundert, der Staat gebildet, der Staat, bei dem man nicht vergessen darf, daß er zu Anfang ein Mittel der Verteidigung gegen die Unwägbarkeiten des Feudalsystems war, einer Gewalt, die stets bereit war, loszubrechen. Man darf aber auch nicht vergessen, daß der Staat außer Kontrolle geraten, pervertieren kann, zum Beispiel mit dem Auftauchen der Vorstellung von der Staatsräson zu Beginn des 14. Jahrhunderts. In der Geschichte gibt es leider selten einen endgültig erreichten Fortschritt, aber der Eintritt der Vernunft in die Politik bleibt eine wichtige Phase für die Errichtung Europas. Ein Fortschritt, der bald schon, ab dem Ende des 13. Jahrhunderts, von der Rückkehr des Irrationalen angegriffen wurde, das sich in der

Theologie von Duns Scotus und Ockham ankündigte, eine Rückkehr des Irrationalen, die eines der Symptome für die allgemeine Krise der Christenheit im 14. Jahrhundert darstellt. Ich zögere nicht, hier eine Position einzunehmen, die vielleicht manche schockiert, aber ich kann unmöglich verschweigen, daß eines der wenigen Phänomene, die unsere Epoche dem Mittelalter in seinen aufklärungsfeindlichen Aspekten ähnlich werden lassen könnte, die Rückkehr zum Irrationalen ist.

Von den Sekten bis zu den Charismatikern, von der Postmoderne zum Dekonstruktivismus, von den Horoskopen zu den UFOs, von der Parapsychologie zur Magie aller Art und zu jedem Preis (denn es geschieht ja in einer Konsumgesellschaft) schleicht sich das Irrationale überall ein! Es muß gesagt werden: Die *Morgendämmerung der Magier* ist in Wirklichkeit die Abenddämmerung des Denkens. Man muß zu wählen wissen, ob das Europa von morgen ein rationales sein wird oder ein irrationales.

Was natürlich nicht bedeuten soll – ganz im Gegenteil – daß wir auf den Traum, die Poesie, das Wunderbare, auf die Natur verzichten sollten, denn die richtig angewandte Vernunft ist weit davon entfernt, den Menschen auszutrocknen, sie vertieft und bereichert. Zum Beispiel gibt es eine ökologische Vernunft.

Mein zweiter und letzter Schluß ist ein Appell an den Humanismus. Daß der Humanismus eine der großen Schöpfungen Europas war, wissen wir, aber man beschränkt diesen Humanismus gemeinhin auf zwei Epochen, die Antike und die Renaissance. Nun haben auch andere Epochen, die größten Epochen, jene auf den Menschen ausgerichtete Synthese zu schaffen verstanden, die man Humanismus nennt. So etwa der mittelalterliche Humanismus, ein Humanismus, der, das trifft zu, auf der Transzendenz beruhte – einer Transzendenz Gottes oder der Werte sowie einer pluralistischen Transzendenz. Im 12. Jahrhundert, ich betone es noch einmal, im großen Jahrhundert seiner Jugend, ist der christliche Humanismus ebenso der des „Rationalisten" Abaelard wie des „kritischen Gläubigen" Bernhard. Diese Humanismen führen zum Kanon der Konfession des 4. Lateranischen Konzils (1215), einem großen Augenblick des europäischen Bewußtseins. Dieser Humanismus hat die Aussage der *Genesis* im Alten Testament zur Grundlage, wonach der Mensch nach dem Abbild Gottes geschaffen worden sei. Er verfügt zweifellos über die Fehler und die Zerbrechlichkeit eines Abbildes, aber er hat auch die Würde und die Fähigkeiten des Vorbildes. Das Europa von morgen wird ein humanistisches sein, oder es wird nichts sein. Ein neuer Humanismus, der den Fortschritt der Wissenschaft und der Technik, die Errungenschaften der Moderne gemeistert und integriert haben wird. Das große schwierige Werk, zu dem wir aufgerufen sind und das in der Freiheit, der Toleranz, der Vielfalt, im Rahmen der Menschheit und zum Teil im Lichte der Geschichte erfolgt, ist „die Schaffung eines neuen europäischen Humanismus".

Drucknachweise

„Das alte Europa und die Welt der Moderne" erschien zuerst 1994 im Verlag C. H. Beck, München. Ich habe in diesem Text Auszüge aus zwei anderen Texten verwendet: „Europe, vingt-cinq siècles de vie commune", erschienen in *Télérama*, n° 2226, 12./18. September 1992, und „L'Europe occidentale médiévale du VIe au XVIe siècle", einem Kapitel der neuen *Histoire culturelle de l'Humanité*, herausgegeben von der UNESCO (im Druck).

Ich beziehe mich auf meinen Artikel „Antique (ancien) Moderne", der zuerst 1977 auf italienisch in der *Enciclopedia Einaudi* erschienen ist und in *Histoire et Mémoire* (Paris, Gallimard, 1988) wiederaufgenommen wurde, auf das Buch von Henri Hauser, *La modernité du XVIe siècle*, das 1930 erschienen und 1963 bei Armand Colin, Paris, mit einem Vorwort von Fernand Braudel wiederaufgelegt worden ist, auf den Artikel von Jean Baudrillard, „Modernité" in der *Encyclopédia Universalis*, Bd. 11 (1968), und auf das Buch von Henri Lefebvre, *Introduction à la modernité*, Paris, Editions de Minuit, 1962.

„Das mittelalterliche Europa und das Europa von morgen" erschien zuerst unter dem Titel „Europa vroeger, nu en straks. Een werelddeel tussen middeleenwen en morgen", in: *Rijkdan in verscheidenheit 1892–1992* Uitgeverij pelckmans, 1992, S. 9–38. Der Text wurde direkt aus dem französischen Manuskript übersetzt.

Europa bauen
herausgegeben von Jacques Le Goff

Leonardo Benevolo
Die Stadt in der europäischen Geschichte
Aus dem Italienischen von Peter Schiller
1993. 316 Seiten mit 149 Abbildungen. Leinen

Peter Brown
Die Entstehung des christlichen Europa
Aus dem Englischen von Peter Hahlbrock
1996. 404 Seiten mit 4 Karten. Leinen

Umberto Eco
Die Suche nach der vollkommenen Sprache
Aus dem Italienischen von Burkhart Kroeber
3., durchgesehene Auflage. 1994.
388 Seiten mit 22 Abbildungen. Leinen

Josep Fontana
Europa im Spiegel
Eine kritische Revision der europäischen Geschichte
Aus dem Spanischen von Joan Weiss i Knopf.
1995. 244 Seiten. Leinen

Aaron J. Gurjewitsch
Das Individuum im europäischen Mittelalter
Aus dem Russischen von Erhard Glier
1994. 341 Seiten. Leinen

Ulrich Im Hof
Das Europa der Aufklärung
2., durchgesehene Auflage. 1995. 270 Seiten. Leinen

Verlag C. H. Beck München